August Israel

Versuch einer Zusammenstellung der Schriften von und über

Pestalozzi

August Israel

Versuch einer Zusammenstellung der Schriften von und über Pestalozzi

ISBN/EAN: 9783743307896

Hergestellt in Europa, USA, Kanada, Australien, Japan

Cover: Foto ©ninafisch / pixelio.de

Manufactured and distributed by brebook publishing software
(www.brebook.com)

August Israel

Versuch einer Zusammenstellung der Schriften von und über Pestalozzi

Versuch einer Zusammenstellung

der

Schriften von und über Pestalozzi.

Von

August Israel.

Preis 3 Mark.

Zschopau 1894.
Richard Gensel, F. A. Raschkes Nachfolger.

Versuch einer Zusammenstellung

der

Schriften von und über Pestalozzi.

Von

August Israel.

Zschopau 1894.
Richard Gensel, F. A. Raschkes Nachfolger.

In dem vorliegenden Verzeichnisse bietet der Verfasser den zahl reichen Forschern und Freunden der pädagogischen Litteratur einen auf vieljährigen Sammlungen und Nachforschungen ruhenden Versuch einer Pestalozzibibliographie mit der Bitte um nachsichtige Beurteilung, insbesondre was die Durchforschung der Zeitschriften betrifft und die in fremden Sprachen verfaßten Schriften.

Durch bereitwillige Förderung haben den Verfasser zu großem Danke verpflichtet insbesondre der Herr Professor Dr. O. Hunziker in Zürich und der Vorstand des Berliner Schulmuseums, Herr Lehrer A. Rebhuhn, ferner die Verwaltungen der k. Bibliothek in Berlin, der Hof- und Staatsbibliothek in München und der Comeniusstiftung in Leipzig, nicht minder der stellvertretende Redakteur der Sächsischen Schulzeitung, Herr Oberlehrer Enkel in Dresden, und der Stud. paed. Herr Curt Müller in Leipzig.

Das Register wird auch dazu dienen, alle Schriften schnell aufzufinden, die die Beziehungen Pestalozzis zu Basedow, Comenius, Rousseau, Schleiermacher ꝛc. behandeln. Diesterwegs Verdienste um die Kenntnis Pestalozzis und um die Begründung der zahlreichen, segensreich wirkenden Pestalozzistiftungen bringt das Verzeichnis zum ersten Male vollständig ans Licht. Sein Rundschreiben (Seite 58), das die ganze Bewegung in Fluß brachte, war ganz in Vergessenheit geraten, eine Bewegung, in deren Anfänge hinein noch das schroffe Wort gerufen werden konnte: Die Lehrer kennen Pestalozzi nicht, den meisten ist er eine mythische Person!

Zschopau, Anfang Februar 1894.

A. Israel.

Schriften Pestalozzis.

Abkürzungen.

P. f. Schr. Pestalozzis sämmtliche Schriften. Stuttgart und Tübingen in der J. G. Cottaschen Buchhandlung. 1819–1826. 15 Bände.

P. f. W. Pestalozzis sämmtliche Werke. Gesichtet, vervollständigt und mit er läuternden Einleitungen versehen von L. W. Seyffarth, Rector und Hilfsprediger zu Luckenwalde. Brandenburg a. H. Adolph Müller. 1869–1873. Neue (Titel-) Auflage Berlin 1881. Eisenschmidt. 18 Bände.

P. a. W. J. H. Pestalozzis ausgewählte Werke. Mit Pestalozzis Biographie. Langensalza. Hermann Beyer. 1869–1871. 4. Auflage 1889. 4 Bände.

C. St. = Comeniusstiftung in Leipzig.

Sch. M. Schulmuseum.

(S.) bedeutet, daß sich die Angabe auf Seyffarths Ausgabe der Werke Pestalozzis, (H.), daß sie sich auf Hunzikers Verzeichnis der Schriften Pestalozzis (Pestalozziblätter 1879 Nr. 3) stützt. Fehlt eine solche Angabe oder die Anführung einer Bibliothek, so besitzt der Verfasser das Buch.

1766.

1. Agis. Übersetzung einer Stelle aus der 3. Olynthischen Rede des Demosthenes an das Volk. Enthalten in den Vollständigen und kritischen Nachrichten von den besten und merkwürdigsten Schriften unserer Zeit, nebst andern zur Gelehrsamkeit gehörigen Sachen. Lindau und Leipzig. Jahrgang 1766, zwölftes Stück S. 346—372. (S.)

Neudruck: P. s. W. VIII, 233—256. Vergleiche auch: Pestalozzi und die zürcherischen Humanisten. Pestalozziblätter XIV, 25—46. Zürich 1893.

1777.

2. Eine Bitte an Menschenfreunde und Gönner zu gütiger Unterstützung einer Anstalt, armen Kindern auf einem Landhause Auferziehung und Arbeit zu geben. Unterzeichnet: Neuenhof, den 9. Christmonat 1775. Joh. H. Pestaloz. Ephemeriden der Menschheit, Basler Ausg. 1777, 3. St. S. 91; Leipz. Ausg. 1777 I, S. 293. (S.)

Neudrucke: 1. P. s. W. I, 12—17.
2. Pestalozziblätter IX, 37—40. Zürich 1888.

3. Herrn Pestalozzes Briefe an Herrn N. E. T. über die Erziehung der armen Landjugend. Iselins Ephemeriden 1777, 3. St. S. 91, 4. St. S. 5, 9. St. S. 23. (S.)

Neudruck: P. s. W. VIII, 257—293.

1778.

4. Bruchstück aus der Geschichte der niedrigsten Menschheit. Anrufung der Menschheit zum Besten derselben. Iselins Ephemeriden 1778. (S.)

Neudruck: P. s. W. VIII, 294—301.

5. Erziehungsanstalt für arme Kinder zu Neuenhof im Ergäu. Iselins Ephemeriden 1778. (S.)

Reudruck: P. s. W. VIII, 302 306.

6. Zuverlässige Nachricht von der Erziehungsanstalt armer Kinder des Herrn Pestalozze im Neuenhof bei Birr in Anno 1778. Mit einem Vorwort der öton. Gesellschaft in Bern. (S.)

Reudruck: P. s. W. VIII, 307 319.

1780.

7. Abendstunde eines Einsiedlers. Iselin, Ephemeriden. 1780, Maustück. (S.)

Reudrucke: 1. In der Wochenschrift für Menschen bildung I, 199—221 als Schluß des Aufsatzes: P. erste Darstellung des Wesens und Umfangs seiner Methode. 1807. Aarau. (Nr. 25.)

2. Als Beilage V zum 2. Bande der Geschichte der Päda gogit von K. v. Raumer. Stuttgart 1843.

3. Herausgeg. von I. P. Scheuenstuhl in Erlangen, mit einleitenden Bemerkungen. Selbstverlag. 1845. 31 S.

4. Zur Erinnerung an Heinrich Pestalozzi herausg. von Otto Schulz. Berlin, Nicolai. 1845. 30 S.

5. Neujahrsblatt der Hülfsgesellschaft von Winterthur. Heraus gegeben von Morf. 1865. Beilage 1, S. 104- 118.

6. Zur Biographie Pestalozzis. Von Morf. Erster Theil. Winterthur 1868. Beilage I, S. 320 - 336.

7. P. s. W. I, 53—74. (Nach der Wochenschrift.)*

8. P. a. W. III, 1 28. (Nach den Ephemeriden.)

9. Analyse des Gedankenganges in P. Abendstunde von Joden. Minden 1885. S. 41 56.

10. Herausgegeb. von Karl Richter. Leipzig 1885. Siegis mund und Volkening. 19 S.

---

* In der Cottaschen Ausgabe der s. Schr. P. fehlt die Schrift.

1781.

8. Über die Aufwandgesetze. Sammlung einiger Schriften, welche bei der Aufmunterungsgesellschaft in Basel eingesandt sind über die Frage: Inwiefern ist es schicklich, dem Aufwande der Bürger in einem kleinen Freistaate, dessen Wohlfahrt auf die Handelschaft gegründet ist, Schranken zu setzen? Basel, bei Johann Jacob Flick 1781. (S.)

Reudruck: P. s. W. V, 285—320.

9. Lienhard und Gertrud. Ein Buch für das Volk. Berlin und Leipzig bey George Jacob Decker. 1781. 379 S. Auf dem Titel eine in Kupfer gestochene Vignette von Chodowiecki zu § 17. Dem § 12 ist ein Notenblatt beigegeben mit einer dreistimmigen Komposition des Goetheschen Liedes: „Der du von dem Himmel bist" von Reißer. *

Lienhard und Gertrud. Ein Buch für's Volk. Zweyter Theil 1783. Frankfurt und Leipzig. 366 S. „Dem Schatten Iselins" gewidmet.

Lienhard und Gertrud. Ein Buch für's Volk. Dritter Theil. 1785. Frankfurt und Leipzig. 416 S. Die Vorrede schließt: Geschrieben in meiner Einsamkeit, den 10. Merz 1785.

Dasselbe. Vierter und letzter Theil. 1787. Frankfurt und Leipzig. 184 S. Die Vorrede „an Herrn Felix Battier Sohn in Basel" ist unterschrieben: Der Deine. Pestalozzi.

Fernere Drucke und Übersetzungen dieser ersten Bearbeitung:

1. Ein zweiter Abdruck des ersten Teils erschien in demselben Jahre im gleichen Verlage. Der Text ist genau Zeile um Zeile übereinstimmend, es fehlt aber die Kupferstichvignette, an ihrer Stelle steht eine in Holzschnitt ausgeführte Lyra mit Lilienzweig auf einer Wolke, dahinter die aufgehende Sonne. Das Notenblatt fehlt.

2. Léonard et Gertrude ou les moers villageoses telles qu'on les retrouve à la Ville et à la Cour. Historie morale (de Henri Pestalozzi), traduit de l'Allmand (par P. d. M.). Avec douze estampes dessinées et gravées par D. Chodowiecki. A Berlin, chez G. J. Decker, 1783. (Berlin, königl. Bibliothek.)

Die 12 Bilder Chodowieckis sind zuweilen auch einzeln (auf 3 Bogen) im Handel, sie illustrieren folgende Stellen:

1. § 1. . . . . alle Kinder und der Säugling weinten mit der Mutter (Gertrud) und es war ein entsetzliches Jammergeschrei, als eben Lienhard die Thüre eröffnete.

2. § 2. Arner saß eben bei seiner Linde vor der Pforte des Schlosses, als Gertrud sich ihm nahete. Er sah sie . . Was willst du, meine Tochter? wer bist du?

3. § 10. Wunder und Zeichen, Vogt! seit wenn saufen die Hunde Wein?

4. § 18. Hat sie's dir verziehen? Rudeli: Ja, Großmutter, sieh doch, wie gut sie ist.

---

* Die Anzeige von Musäus im 52. Bande der Allgem. Deutsch. Bibliothek von Nicolai S. 146 beginnt: „Ein Waitzenkorn unter dem Spreuhaufen auf der Romanentenne"! Weiter empfiehlt Musäus, Abschnitte aus dem Buche in die Kalender und so unter das Volk zu bringen. Neuerdings schreibt Georg Ebers über Lienhard und Gertrud (Geschichte meines Lebens. Deutsche Verlagsanstalt. 1893 S. 198): „Ein köstliches Volksbuch, voll von naturwüchsiger Kraft und echter Herzenswärme, das ich jüngst mit wahrer Freude wieder gelesen habe."

5. § 26. Der Vogt hört das Geschrei noch einmal, öffnet ohne Compli
menten die Kammerthür.

6. § 50. Bethli fängt an zu essen und eben öffnet der fromme Marx
ab der Reuti das kleinre Thürlein der Tenne und sagt: Was issest du da,
mein Kind?

7. § 71. Der arme Vogt läuft, was er vermag und schreit in seinem
Laufen erbärmlich: Mordio und Helfio! Wächter, der Teufel nimmt mich!

8. § 77. Der Pfarrer aber redete mit dem Vogt herzlich.　Den
Pfarrer hat Ch. fälschlich als augenverdrehenden Frömmler aufgefaßt.

9. § 82. Da legte Franz den Stoßstiegel ab, hub den jungen Junker
in die Höhe und dieser küßt' ihn.

10. § 88. Arner befahl dem Vogt, sein Urtheil auf den Knieen anzu-
hören.

11. § 92. Rede des Hühnerträgers an die Gemeinde: Hier sind der
Pickel, der Karst, die Schaufel, die Brennt'sflasche, die Tabakspfeife und der
große Wollhut eures Herrn Untervogts.

12. § 98. Wie Lienhard und Gertrud mit ihren Kindern auf Arners
Befehl endlich kommen und die Kinder Rudis sich an Gertruds Schooß drängen.

3. **Lienhard et Gertrande. 2 Vol. 12. Berne, Typ. 1783.**
(Heinsius, Bücher-Lex.)

4. Lienhard und Gertrud. Ein Buch für das Volk. Berlin
und Leipzig, 1789. Bey Heinrich August Rottmann, Königl. Hof-
buchhändler. 367 S. Die Titelvignette und Schlußvignette und die meisten
übrigen Verzierungen genau wie in der oben unter 1 verzeichneten 2. Aus
gabe; bis S. 112 stimmt auch der Druck genau überein, von S. 113 wird er
etwas enger, so daß der Band 12 Seiten schwächer ist.

5. Lienhard und Gertrud. Ein Buch für das Volk. Zweyte Auflage.｜
Zürich, in Commißion bey Heinrich Geßner. 1804. XVI und 380 S.
Die Vorrede zu dieser 2. Auflage ist unterschrieben: Burgdorf im
Wintermonat 1803. Pestalozzi.

6. Lienhard und Gertrud. Ein Buch für das Volk von
H. Pestalozzi. Neue, nach der ursprünglichen, vollständigsten und
besten Ausgabe durchgesehene und veranstaltete Auflage. Trogen bei
Meyer und Zuberbühler. 1831. Vier Bände. Mit einem Vor
bericht von dem Herausgeber Hermann Krüsi.

7. Pestalozzis Lienhard und Gertrud. Ein Buch für das Volk.
Die zwei ersten Teile, in Einem Bande nach der ursprünglichen Aus
gabe neu gedruckt. Mit 13 Federzeichnungen von H. Bendel und
einer Musitbeilage. Zürich, in Commißion bei Meyer und Zeller
1844. 266 S. 4°. Voran geht: Ein Wort über die Herausgabe einer
mit neuen Bildern geschmückten Auflage der eigentlich volksthümlichen Abtheilung von „Lienhard und Gertrud" von Hermann Krüsi.

Die „Volksausgabe" (1857) stimmt in Text und Bildern mit
ihr genau überein, nur das Titelblatt ist neu.

8. Lienhard und Gertrud. Ein Buch für das Volk von H. Pestalozzi. Neue Auflage. Mit vorangeschickter Biographie des Verfassers und Bruchstücken aus Christoph und Else. Mit Portrait. Brandenburg 1859. Müller. 444 S. Abdruck des 1. und 2. Teils.

9. Lienhard und Gertrud. Ein Buch für das Volk. Die zwei ersten Teile in Einem Bande nach der ursprünglichen Ausgabe neu gedruckt. Zürich, Druck und Verlag von Friedrich Schultheß. 1860. 493 S.

10. Lienhard und Gertrud. Ein Buch für das Volk von H. Pestalozzi. Mit einem Portrait Pestalozzis in Holzschnitt. Halle 1867. Waisenhaus. 218 S. 2. Auflage 1877.

11. Pestalozzis Lienhard und Gertrud. Auszug in einem Bande. Von L. W. Seyffarth. Brandenburg a. H. 1871. 100 S.

12. Gertrud, die vortreffliche Mutter und Frau. Ausgewählte Kapitel aus Lienhard und Gertrud von Pestalozzi. 2. Auflage. Duisburg 1878. (Berlin, königl. Bibliothek.)

13. In „Erzählungen des deutschen Hausfreundes". Leipzig 1879. Kempe. 1. Jahrg. 3 Hefte 279 S. (Hinrich, Bücherverz.)

14. Lienhard und Gertrud. Ein Buch für das Volk von Heinrich Pestalozzi. Erster und zweiter Teil. Neu herausgegeben zum Jubiläum der Originalausgabe vom Jahre 1781. Zürich, Druck und Verlag von F. Schultheß. 1881. 480 S. Mit der Lichtdruck Nachbildung der Titelvignette zur 1. Ausgabe und des 2. Kupfers der franz. Ausgabe von 1783.

Dritter und vierter Teil. Neu herausgegeben als Fortsetzung der Jubiläumsausgabe des 1. und 2. Teils von der Kommission für das Pestalozzistübchen in Zürich. Mit dem Portrait H. Pestalozzis in Kupferstich nach H. Pfenninger. Zürich, Druck und Verlag von F. Schultheß. 1884. Mit einem Vorworte von Zehender. 636 S.

15. Pestalozzis Lienhard und Gertrud für den Gebrauch der Seminarzöglinge und Lehrer eingerichtet von Fr. W. Bürgel. Paderborn und Münster 1886. Schöningh. VI und 172 S.

16. Meyers Volksbücher Nr. 315–320. 403 S. Leipzig und Wien (1887), Bibliogr. Institut.

17. Leonardo y Gertrudis. Traducida por J. O. Monasterios. 278 S. In Biblioteca de la familia y de la escuela. Leipzig 1888. Brockhaus. 2. Band.

18. Johann Heinrich Pestalozzi. Lienhard und Gertrud. Mit Einleitung und Anmerkungen herausgegeben von Dr. J. Wychgram. Wien und Leipzig 1888. Pichlers Wittwe. 213 S.

19. Pestalozzi. Lienhard und Gertrud. Bearbeitet und mit Erläuterungen versehen von Karl Richter. Leipzig. Ziegismund und Volkening. 192 S. 1. Auflage (1882). Hesse.

20. J. H. Pestalozzis Lienhard und Gertrud. Ein Buch für das Volk. Mit einer Lebensbeschreibung P.s, einer Einleitung und Anmerkungen herausgegeben von W. Bartholomäus. Bielefeld u. J. Helmich. VII und 392 S. 8°. (1892.) Auszug, bietet „nur die Abschnitte, die für die Schulpädagogik von besondrer Bedeutung sind".

21. Lienhard und Gertrud. Ein Buch für das Volk von H. Pestalozzi. Leipzig o. J. J. Ph. Reclam. 1. und 2. Teil. Universalbibliothek, Bändchen 434—37.

10. **Lienhard und Gertrud.** Ein Versuch, die Grundsätze der Volksbildung zu vereinfachen. Ganz umgearbeitet. (Medaille mit der Inschrift innerhalb eines Eichenkranzes: Civi optimo, und der Umschrift: Soc. Bernens. Agricult. et bonar. artium.)* **Erster Theil. Mit (4) Kupfern.** **Zürich und Leipzig 1790 bey Ziegler und Söhne.** 406 S. Ohne Vorrede. Auf der ersten Seite die Rückseite der auf dem Titel abgebildeten Medaille, die Freiheit auf einem Pfluge sitzend, zu Füßen ein Merkurstab und ein Füllhorn mit der Umschrift: Hinc felicitas.

In demselben Jahre ist der 2. Theil (384 S. mit 2 Kupfern), 1792 der 3. und letzte Theil (389 S. ohne Kupfer) erschienen. Auf diese gänzliche Umarbeitung ist Pestalozzi später nicht zurückgekommen. Schon 1803 hat er den ersten Teil als 2. Auflage neu erscheinen lassen. (Nr. 9, 5.)

11. Die dritte Bearbeitung von Lienhard und Gertrud eröffnet die Cottasche Gesamtausgabe der Werke Pestalozzis.

P. s. Schr. I—IV. Stuttgart und Tübingen 1819. Sie ist namentlich im 3. und 4. Teile stark umgearbeitet und der Schluß des 4. Teiles der ersten Ausgabe fehlt. (Von den 488 Kapiteln des 3. und 4. Teiles dieser 3. Auflage sind nur 85 dem 3. und 4. Teile der ersten Ausgabe entnommen.) Ein fünfter Teil, der handschriftlich vorhanden war, ist verloren gegangen, ein sechster sollte das Ganze vollenden. P. s. Schr. XII, S. XV.

P. a. W. I und II. Folgt in der Hauptsache der Cottaschen Ausgabe.

Sch. Pestalozzi. Lienhard und Gertrud. Herausgegeben von Rob. Weber. (Schweizerische Nationalbibl. 11. und 12. Bändchen.) Aarau 1886. Sauerländer. 153 S. Text nach der Cottaschen Ausgabe mit vielen Auslassungen.

Ein Bruchstück nach der Cottaschen Ausgabe bringt auch die Deutsche Nationallitteratur von Kürschner, Band 137 S. 175—230, herausg. von Bobertag. Stuttgart. Spemann.

---

* Diese Medaille war Pestalozzi nach dem Erscheinen des ersten Teiles verliehen worden. Armutshalber mußte er ihr Gold zu Gelde machen.

Bruchstücke einer Umarbeitung von Lienhard und Gertrud erschienen unter dem Titel:

12. Kinderlehre der Wohnstube. Von Niederer herausgegeben in Roffels Allgemeiner Monatsschrift für Erziehung und Unterricht. Aachen 1829. (Nr. 19.) Enthaltend die ersten Kapitel mit Wiederholungsfragen unter dem Texte und angefügten Bemerkungen. (Berlin, Sch. M.)

1782.

13. Ein Schweizer-Blatt. (Holzschnittvignette zwischen zwei verzierten Strichen.) 1782. Es erschien vom 3. Jenner 1782 jeden Donnerstag. Der erste Band enthält die ersten 25 Nummern (440 S.) mit einem kurzen Vor und Nachworte des Herausgebers. Der zweite Band enthält unter dem Titel: Des | Schweizerblats Zweytes Bändchen. | 1782. ' die Nummern 26—52, 431 S. Es ist zum allergrößten Teile von Pestalozzi auf Anraten Iselins geschrieben.

Neudruck: P. f. W. VII. 352 S. Enthält nur die von Pestalozzi herrührenden und nicht bereits an andern Stellen gedruckten Stücke, nebst Inhaltsangabe der fremden Stücke.

14. Christoph und Else. Mein zweytes Volks-Buch (Holzschnittvignette). 1782. Zürich und Deßau. In Commißion bei Joh. Caspar Füeßly. Nach einem kurzen Vorwort an die Leser und 4 Seiten Druckfehlern folgt der Titel: Christoph und Else lesen in den Abendstunden, das Buch Lienhard und Gertrud. Erste Abtheilung. 368 S. Die 2. Abtheilung mit demselben Titel hat 270 S. Am Schlusse steht: Erster Ruhepunkt.

Neudrucke: 1. Christoph und Else. Zweites Volksbuch von Pestalozzi. P. f. Schr. XII. Mit einer Vorrede zur zweyten Ausgabe, datiert Yverdon, den 17. März 1824.

2. P. f. W. VI. 368 S. Nach der 2. Ausgabe. Die Bemerkung in der Einleitung über den Titel ist irrtümlich.

1783.

15. Über Gesetzgebung und Kindermord, Wahrheiten und Träume, Nachforschungen und Bilder. Vom Verfasser Lienhardt's und Gertrud. (Geschrieben 1780. Herausgegeben 1783. Frankfurt und Leipzig. Auf Kosten des Verfassers und in Kommission bei der Buchhandlung der Gelehrten. (S.)

Neudrucke: 1. Zürich 1789. Ziegler. (Heinsius, Bücher Lex.)
2. P. f. Schr. VII, 263—408. VIII, 1—116. Mit einer Vorrede zu dieser 2. Auflage, datiert Iferten 18. Febr. 1821.
3. P. f. W. VIII, 1—229. 1870.
Zweyter Theil von Lienhard und Gertrud. Nr. 9.

1785—87.

Dritter und vierter Theil von Lienhard und Gertrud. Nr. 9.

1790—92.

Umarbeitung von Lienhard und Gertrud. Nr. 10.

1797.

16. Figuren zu meinem ABC Buch oder zu den Anfangsgründen meines Denkens. Basel, gedruckt bey Samuel Flick, 1797. 321 S.

Neudrucke: 1. Fabeln von Heinrich Pestalozzi. Zweyte Auflage. Basel 1803 bey Samuel Flick, Sohn. 324 S. Den Titel ausgenommen der ersten Auflage völlig gleich.

2. P. s. Schr. X. Titel der 1. Ausgabe. Mit einer „Vorrede zu der neuen Ausgabe dieser Bögen" und kurzen, durch einen Doppel-Strich vom Texte getrennten Zusätzen.

3. P. s. W. IX. Titel der 2. Auflage, sonst Abdruck der Cotta'schen Ausgabe.

17. Meine Nachforschungen über den Gang der Natur in der Entwicklung des Menschengeschlechts von dem Verfasser Lienhard und Gertrud. Zürich, bei Heinrich Geßner. 1797. 231 S. Die Herder'sche Kritik aus den Erfurter Gelehrten Nachrichten 1797, 60. Stück ist abgedruckt in Herders sämtlichen Werken. Zur Philosophie und Geschichte 15, S. 386—393. Sonderdruck: Ein Zeuge der Wahrheit, oder Herder über Pestalozzi. Zürich. Geßner. Vergl. auch Pestalozziblätter V Nr. 4 und 5 (Zürich 1884) und Nr. 87.

Neudrucke: 1. P. s. Schr. VII, 1—261.

2. P. s. W. X, 1—209.

3. Bei Fr. Schulthess in Zürich 1886. IV und 232 S.

1798.

18. Unter dem Titel Revolutionsschriften. 1798. sind in P. s. W. X, 211—326 folgende kleine Stücke zusammengestellt, die entweder als Flugschriften erschienen sind oder dem „Helvetischen Volksblatte" entstammen, das Pestalozzi kurze Zeit im Auftrage der Regierung leitete: (S.)

1. Ein Wort an die gesetzgebenden Räthe Helvetiens. (S. 223—236).

2. Über den Zehnten. (S. 237—262.) In Form eines Gesprächs.

3. Wach auf, Volk! Ein Revolutionsgespräch zwischen den Bürgern Hans und Jacob. (S. 263—273.)

4. An mein Vaterland. Am 24. Augustmonat 1798. (S. 274—278.)

5. An Helvetiens Volk. (S. 279—285.)

6. Stücke aus dem helvetischen Volksblatt. (S. 286—326). Aus der Vorrede. Revolutionsskizzen. Montag, den 10. Herbstmonat, am Morgen. Von

der Hoffnung auf Hülfe vom Kaiser. Ein Wort über die angetragene französische Werbung. Als Nachtrag enthält Band XV, 205—209, nach einer 1798 erschienenen Flugschrift abgedruckt:

7. An Helvetiens Volk. Nr. 1. Nochmals abgedruckt in den Pestalozziblättern VII, 21. Zürich 1886. Eine von Pestalozzi verfaßte

8. „Proklamation des helvetischen Direktoriums an das helvetische Volk" in Nr. 7 des Volksblattes ist abgedruckt in den Pestalozziblättern IX (1888), S. 41.

1801.

19. Anweisung zum Buchstabieren- und Lesenlehren von Pestalozzi. Mit dem ausschließlichen Privilegio der helvetischen Republik gedruckt. Bern 1801. XIV und 39 S. nebst Beilagen (einzeln gedruckte, 2 Zoll hohe Buchstaben für eine Lesemaschine). (S.) Anzeige in Gutsmuths Zeitschr. f. Pädag. 1807 I, 268—70.

Neudruck: 1. Leipzig, Gräff 1806. (Erich, Lit. d. Pädagogik.) 2. P. f. W. XI, 63—70. (Vorrede und eigentliche Anweisung.)

20. Wie Gertrud ihre Kinder lehrt, ein Versuch den Müttern Anleitung zu geben, ihre Kinder selbst zu unterrichten, in Briefen von Heinrich Pestalozzi. Bern und Zürich, bei Heinrich Geßner. 1801. 390 S. Blumenlese aus P. neuester Schrift: Wie Gertr. ihre Kinder lehrt. Gutsmuths Bibl. der päd. Lit. 1802 I, 317—21. Besprechung: Daselbst 1802 II, 48—78. Vergl. auch Nr. 21, 1, 79 und 93.

Neudrucke: 1. P. f. Schr. V. Mit einer Vorrede zu dieser 2., hie und da umgearbeiteten Ausgabe, datiert Iferten, am 1. Juni 1820. 2. P. a. W. III, 63—266. 3. P. f. W. XI, 82—315. 4. Mit einer Einleitung und Kommentar von Karl Riedel. Wien 1877. Pichlers Wittwe. 198 S. 2. Auflage 1890. 5. Cómo Gertrudis enseña á sus hijos. Traducida y anotada por J. T. Sepúlveda. 251 S. In Biblioteca de la familia y de la escuela. Leipzig 1888. Brockhaus. 1. Band. 6. Leipzig. J. Philipp Reclam jun. (1878.) (Universalbibl.) 7. Herausgegeben von A. Richter. Leipzig. Siegismund und Volkening. 1. Auflage 1880. Heße. 8. Herausgegeben von Dr. Beck. Paderborn 1887. Schöningh. VIII und 228 S.

1802.

21. Ansichten über die Gegenstände, auf welche die Gesetzgebung Helvetiens¹ ihr Augenmerk vorzüglich zu richten hat, von Heinrich Pestalozzi, Vorsteher des Erziehungs-Instituts zu Burgdorf. Bern, bey Heinrich Geßner 1802. 59 S.

Neudruck: P. f. W. X, 327—371.

1803.

22. Pestalozzi's Elementar-Bücher. Buch der Mütter oder Anleitung für Mütter ihre Kinder bemerken und reden zu lehren. Erstes Heft. Zürich und Bern, in Kommission bey Heinrich Geßner, Buchhändler, und in Tübingen, in der J. G. Cotta'schen Buchhandlung. 1803. XIV und 164 S. „Die Beispiele in der 7. Übung S. 6, 7 u. f. w. sind meistens von Pestalozzi selbst, der mit dem unerschöpflichen Reichtum seiner Lebenserfahrungen meiner Armut zu Hülfe kam. Die Vorrede ist ganz sein Wert. Alles Übrige in Plan und Ausführung mit allen seinen Mängeln fällt auf meine Rechnung. Daß das Erschienene nur ein Bruchstück ist, deutet die Vorrede an." Hermann Krüsi, Erinnerungen aus meinem pädagogischen Leben. Magers Pädag. Revue I, 325. 1840.

Neudruck: Für Elementarschulen brauchbarer bearbeitet. Ulm 1821. Ebner. (Heinsius, Bücher-Lex.)

Über P. Buch der Mütter: Schröder in Gutsmuths Bibl. der päd. Litt. 1804 I, 101 107; über das Buch der Mütter und über die Ansch. Lehre der Zahlenwerth.: Daf. 1804 III, S. 30 66.

Zu den Elementarbüchern gehören ferner: ABC der Anschauung oder Anschauungslehre der Maßverhältnisse, 2 Hefte, und Anschauungslehre der Zahlenverhältnisse, 3 Hefte. Sie sind von den Mitarbeitern Pestalozzis verfaßt; P. selbst schrieb nur die Vorrede zum 2. Hefte der Maßverhältnisse und zum 2. und 3. Hefte der Zahlenverhältnisse. (Nr. 97.)

1807.

23. Bericht an die Eltern und an das Publikum über den gegenwärtigen Zustand und die Einrichtungen der Pestalozzischen Anstalt in Iferten von Pestalozzi. Diese 3 Zeilen als Überschrift der 46 S. umfassenden, „Pestalozzi" unterzeichneten Schrift, der auf S. 47 noch beigefügt ist ein „Verzeichnis der Effekten, welche jeder Zögling mit sich ins Institut bringen soll".

Neudrucke: 1. Wochenschrift für Menschenbildung II, 1. Stück. Aarau, 1807. (Nr. 25.)

2. P. f. Schr. XI, 133 192. Der „Zusatz, das Töchterinstitut betreffend" und das „Verzeichnis" fehlt in dieser 2. Ausgabe.

3. P. f. W. XVII, 111 159.

24. h. Pestalozzi's Journal für die Erziehung. Ersten Bandes Erstes Heft. Äußerer Titel auf dem Umschlage von grünblauem Glanzpapier. Der innere Titel lautet:

h. Pestalozzi's Ansichten, Erfahrungen und Mittel zur Beförderung einer der Menschennatur angemessenen Erziehungsweise. Ersten Bandes Erstes Heft. Leipzig, 1807 bey Heinrich Gräff. XLIV und 172 S. Enthält:

(Vorrede.) Über die Grundsätze, den Plan und die Tendenz dieser pädagogischen Zeitschrift. III—XXXXIV.

1. Ein Blick auf meine Erziehungszwecke und Erziehungsversuche.* Dazu als Erläuterung der 3., 4., 5., 6., 7. und 8. Brief aus der künftig zu erwartenden ganz umgearbeiteten Neuen Auflage der Schrift: Wie Gertrud ihre Kinder lehrt.** S. 1—117.

2. Bericht über meinen Versuch, einer Abtheilung von Schülern der zweyten Klasse Anleitung zur schriftlichen Darstellung der Zahlen und ihrer Verhältnisse zu geben. S. 118—172.

Anzeige in Gutsmuths Zeitschr. f. Pädag. 1807 I, 134—162.

Neudrucke: 1. P. s. Schr. XI. Eine kurze Vorrede, datiert 24. August 1823, geht dem Abdrucke der Ansichten und Erfahrungen, die Idee der Elementarbildung betreffend, in Verbindung mit Aufsätzen und Bruchstücken, die den Gang und die Geschichte meiner Lebensbestrebungen erheitern (d. i. aufklären) voraus. Die Vorrede der ersten Ausgabe steht an zweiter Stelle (S. 102—133) und der erste Aufsatz (S. 3—101) ist ohne Überschrift. Der 2. Aufsatz fehlt, an seiner Stelle steht der Bericht an das Publikum. (Nr. 23.)

2. P. a. W. III, 267—330. Nur der erste Aufsatz nach der Cottaschen Ausgabe.

3. P. s. W. XVII, 1—159. Folgt in der Anordnung der ersten Ausgabe, im Texte der Cottaschen Ausgabe.

* Nach Niederers Angaben ist hier nur das erste Drittel einer „gemeinschaftlichen Arbeit Pestalozzis und seiner Freunde" abgedruckt. Die zweite und dritte Abteilung veröffentlichte Niederer in den „Pestalozziblättern", 9. B. S. 181 ff., 286 ff., 403 ff. Aachen 1828. (Nr. 49.)

** Der 1. und 2. Brief dieser Umarbeitung ist abgedruckt in den Pestalozziblättern X, 42—50. Zürich 1889.

1807—11.

„Im Namen von Pestalozzi und seinen Freunden", hat Johannes Niederer, Religionslehrer am Pestal. Institute, dat. Jferten, am 25. Nov. 1806, eine „Ankündigung einer Wochenschrift für Menschenbildung, bearbeitet und herausgegeben von Pestalozzi und seinen Freunden. Lausannen, bei Andreas Fischer und Lukas Vincent. 1806. 16 Seiten" veröffentlicht, die in Gutsmuths Zeitschrift für Pädagogik, Erziehungs- und Schulwesen, Jahrgang 1807 I S. 40—60 unter der Überschrift: „Pestalozzi an das Publikum über das Bedürfniß einer Wochenschrift für Menschenbildung" im übrigen wörtlich abgedruckt wurde.

25. Wochenschrift | für Menschenbildung von Heinrich Pestalozzi und seinen Freunden. | Erster Band. Erstes bis fünfzehntes Stück. | Aarau [1807] bei Heinrich Remigius Sauerländer, in Kommission bei Heinrich Gräff in Leipzig. — Zweiter Band. 1.—15. Stück. 1808. Dritter Band. 1.—3. Heft* 1809 und 10. Vierter Band. 1.—3. Heft 1811.

Neue unveränderte Ausgabe des ersten und zweiten Bandes in demselben Verlage 1815. Anzeige in Gutsmuths Neuer Bibl. f. Päd. 1809 I, 231 ff.

* Jedes der Hefte enthält in blauem Umschlage 3 Stücke.

Die Wochenschrift enthält außer Korrespondenzen, Anzeigen, Briefen, einem Bericht über den Etat der Anstalt und einer Beschreibung, „Traubenlese der Zöglinge", folgende 20 größere Aufsätze:*

26. (1.) **Aber wozu ein Blatt für Menschenbildung?** I, 1—28.
Neudruck: P. f. W. XVIII, 11—33.

2. Entwicklungs= und Bildungsmittel für den häuslichen und Schulunterricht. (a) Elementarverhältnisse der Sprache als Vorübung auf den grammatischen Unterricht. I, 30—48.

27. (3.) **Über die Körperbildung** als Einleitung auf den Versuch einer Elementargymnastik, in einer Reihenfolge körperlicher Übungen. I, 33—88. Schluß fehlt.
Neudruck: P. f. W. XVIII, 34—60.

28. (4.) **Pestalozzi und seine Anstalt in Stanz.** I, 97—137.
Neudrucke unter dem Titel: „W. Brief über seinen Aufenthalt in St.": 1. P. f. Schr. IX, 3—47.
2. P. a. W. III, 29—62. 3. P. f. W. XI, 3—51.

29. (5.) **Über Unterrichts= und Erziehungsverbesserungen in Schulen und Haushaltungen.** I, 146—186, II, 97—118.
Neudruck: P. f. W. XVIII, 61—117.

6. Pestalozzis erste Darstellung des Wesens und Umfangs seiner Methode. I, 186—223. „Abendstunde eines Einsiedlers." (Nr. 7.)

7. Der Friedensfürst an Pestalozzi. I, 225—229.

8. Was heißt Methode? I, 229—247.

9. Bericht an die Eltern und an das Publikum. II, 1—17. (Nr. 23.)

10. Ankündigung einer naturgemäßen Unterrichtsweise im Gesange von M. Tr. II, 19—59.

11. Das ABC der mathematischen Anschauung für Mütter. II, 60—96.

30. (12.) **Über den Sinn des Gehörs in Hinsicht auf Menschenbildung durch Ton und Sprache.** II, 118—157.
Neudruck: P. f. W. XVIII, 117—152.

13. Urteil über die Pestalozzische Methode von J. G. Fichte. II, 161—214. Aus den Reden an die deutsche Nation.

14. Reformation des Schulwesens im Königreich Preußen. Einführung der Pestalozzischen Methode. II, 225—233.

15. Die Pestalozzische Gesangsbildungslehre . . . von H. G. Nägeli. III, 1—51.

16. Vortrag bei Anlaß der Eröffnung von sonntäglichen Gottesverehrungen. III, 51—88.

* Die acht von Pestalozzi ganz oder großenteils herrührenden sind durch die fortlaufenden Nummern und größeren Druck kenntlich gemacht.

31. (17.) Über die Idee der Elementarbildung (Lenzburger
Rede). III, 89—218, IV, 1—90.

Neudrucke: 1. Über die Idee der Elementarbildung. Eine
Rede, gehalten vor der Gesellschaft der Schweizerischen Erziehungs-
freunde in Lenzburg im Jahr 1809 von Heinrich Pestalozzi. P. s.
Schr. VIII, 117—343. Mit einer Vorrede, datiert Iferten, am
16. Oktober 1821.

2. P. s. W. XVII, 160—381.

Die Rede ist auch als Beilage zu den Verhandlungen der Erziehungsgesellschaft gedruckt worden.

18. Prolegomena zu jeder künftigen Pädagogik von Prof. Eschenmeyer.

19. Übungen aus dem Unterricht in der Muttersprache, wie er in der
Anstalt zu Iferten gegeben wird. IV, 130—218.

32. (20). Bruchstück aus einem Memoire über Armen- und
Industriebildung von Pestalozzi, verfaßt im Winter 1812. Bild eines
Armenhauses. IV, 218—231.

Neudrucke: 1. Bild eines Armenhauses. P. s. Schr IX,
131—150.

2. P. s. W. XVIII, 152—166.

33. Pädagogische Wahrheiten in Bildern. Erklärung.
H. Pestalozzi an seine Freunde über die Herausgabe einer Gesangs-
bildungslehre. Aus der Wochenschrift außerdem ausgehoben in P. s. W.
XVIII, 166—176.

1812.

34. Einige meiner Reden an mein Haus in den Jahren
1801, 1809, 1810, 1811 und 1812 und Bruchstücke einer Rede am
Weihnachtstage 1811. Ohne Angabe des Verlegers und Druckers.
(Stadtbibl. zu Zürich.)

Neudrucke: 1. P. s. Schr. XI, 249—371. Ohne das
Fragment.

2. P. a. W. IV, 6—82.

3. P. s. W. XIII, 15—106. Das Bruchstück der Weihnachts-
rede XVI, 381—388.

35. Pestalozzi an Niederer vom 1. Oktober 1811. Statt der
Vorrede zu (Niederer) Pestalozzis Erziehungsunternehmung im Verhältniß
zur Zeitkultur I, 3—8. Iferten 1812.

Neudruck: P. s. W. XVIII, 187—189.

1813.

36. Pestalozzi an Herrn Geheimrath Delbrük Erzieher Sr. Königl. Hoheit des Kronprinzen von Preußen. Iferten 1813. 43 S.

Neudrucke: 1. (Niederer) Pestalozzi's Erziehungsunternehmung im Verhältniß zur Zeitkultur II, 410 466. Iferten 1813.

2. P. f. W. IX, 107 160.

37. Erklärung gegen Herrn Chorherr Bremi's Drey Dutzend Bürklische Zeitungsfragen. Von Pestalozzi. Wird mit Hn. Niederer's Rechtfertigung zugleich ausgegeben. Sub judice lis est. Horat. Iferten 1812. 42 S.*

Neudrucke: 1. (Niederer) Pestalozzi's Erziehungsunternehmung im Verhältniß zur Zeitkultur II, 89--111. Iferten 1813.

2. P. f. W. XVIII, 190—239.

_____

* Meinem Exemplare sind die Zeitungsausschnitte mit den Bremischen Fragen an das Pestalozzische Institut beigegeben, nebst andern zu dem Streite gehörigen Ausschnitten und Abschriften.

1815.

38. An die Unschuld, den Ernst und den Edelmuth meines Zeitalters und meines Vaterlandes. Ein Wort der Zeit von Heinrich Pestalozzi, Ritter des St. Wladimirordens und Mitglied mehrerer menschenfreundlichen und wissenschaftlichen Gesellschaften. Iferten, beym Verfasser. 1815. 276 S.*

Neudrucke: 1. P. f. Schr. VI. Der Titel lautet hier: An die Unschuld, den Ernst und den Edelmuth meines Vaterlandes. Ein Wort einer über Zeit und Stunde erhabenen Ahnung, mit Muth und Demuth seiner Mitwelt dargelegt und mit Glauben und Hoffnung seiner Nachwelt hinterlassen von einem Greisen, der, alles Streits seiner Tage milde, noch ein Sühnopier auf dem Altar der Menschheit, auf dem Altar aller Kinder Gottes legen möchte, ehe er dahin scheidet. Der Nachtrag von 1820 am Schlusse lautet: Es sind wieder fünf Jahre verflossen und ich habe nichts Neues zu sagen.

2. P. f. W. VII.

_____

* Mein Exemplar enthält folgende, von P. sehr sauber geschriebene Widmung: „an die liebe Frau Minna Auberton zum angedenken von dem verfaßer. Yverdun den 30. Mertz 1816."

1817.

39. Pestalozzi an's Publikum. Flugblatt zur Ankündigung der Gesamtausgabe seiner Werke in der Cottaschen Buchhandlung. Datiert Iferten im Monat März 1817. (S.)

Neudruck: P. f. W. XIII, 161 166.

1818.

40. Rede von Pestalozzi an sein Haus, an seinem vier und siebzigsten Geburtstage den 12. Jänner 1818. Zürich gedruckt bei Orell, Füßli und Compagnie, und zu haben im Pestalozzischen Institute in Jferten. 1818. 173 S.

Neudrucke: 1. P. s. Schr. IX, 151—300. Rede an mein Haus, gehalten den 12. Jänner 1818. Die „Censurlücke" auf S. 288 betrifft die Friedensermahnungen an Niederer und Krüsi, S. 156 161 der 1. Ausgabe.

2. P. a. W. IV, 83 171. Nach der Cottaschen Ausgabe mit der Censurlücke.

3. P. s. W. VIII, 167—282. Vollständig.

1819—26.

41. Pestalozzi's sämmtliche Schriften. 15 Bände. Mit den allergnädigsten Privilegien Ihrer Majestäten des Kaisers aller Reußen und Königs von Polen, des Königs von Preußen, des Königs von Bayern, des Königs von Württemberg, Seiner Königl. Hoheit, des Großherzogs von Baden und der Hoch löblichen Cantonsregierungen der Eidgenossen schaft. Stuttgart und Tübingen, in der J. G. Cottaschen Buchhandlung 1819 1826. Das Erscheinen dieser Gesamtausgabe hatte Pestalozzi durch das Flugblatt (Nr. 39) angekündigt.

Inhalt: 1. Band. Zueignung. Den Freunden der Menschheit und der Armuth gewidmet und zu Rath und That empfohlen von dem Verfasser. Vorrede Pestalozzis, dat. Jferten, den 8. Sept. 1818. Lienhard und Gertrud. Erster Theil. 3. Auflage. 1819. 320 S.

2. Band. Lienhard und Gertrud. Zweiter Theil. 3. Auflage. 1819. 372 S.

3. Band. Lienhard und Gertrud. Dritter Theil. 3. Auflage. 1819. 436 S.

4. Band. Lienhard und Gertrud. Vierter Theil. 3. Auflage. 1820. 407 S.

5. Band. Wie Gertrud ihre Kinder lehrt. 1820. 281 S.

6. Band. An die Unschuld, den Ernst und den Edelmuth meines Vaterlandes. 1820. 392 S.

7. Band. Meine Nachforschungen über den Gang der Natur in der Entwickelung des Menschengeschlechts. Über Gesetzgebung und Kindermord. 1821. 408 S.

8. Band. Über Gesetzgebung und Kindermord, Fortsetzung. Über die Idee der Elementarbildung (Lenzburger Rede). 1822. 374 S.

9. Band. Vermischte Schriften pädagogischen Inhalts: P. Brief an einen Freund über seinen Aufenthalt in Stanz. Ansichten über Industrie, Erziehung und Politik. Rede an mein Haus, gehalten den 12. Jänner 1818. 1822. 300 S.

10. Band. Figuren zu meinem ABC Buch oder zu den Anfangsgründen meines Denkens. 1823. 384 S.

11. Band. Ansichten und Erfahrungen, die Idee der Elementarbildung betreffend. Bericht an die Eltern und an das Publikum über den Zustand und die Einrichtungen der Pestalozzischen Anstalt im Jahre 1807. Ein Wort über den

Zustand meiner pädagogischen Bestrebungen und über die Organisation meiner Anstalt im Jahre 1820. Einige meiner Reden an mein Haus in den Jahren 1808, 1809, 1810, 1811 und 1812. 1823. 371 S.

12. Band. Christoph und Else. Zweites Volksbuch von Pestalozzi. 1821. 496 S. Hinter der Vorrede steht eine „Öffentliche Erklärung" vom 17. März 1821, den Streit mit Niederer betreffend.

13. Band. Pestalozzis Schwanengesang. 1826. 316 S.

14. Band. Praktische Elementarübungen. Zahl und Formlehre. 1826. 301 S.

15. Band mit 5 lithogr. Tafeln. Praktische Elementarübungen. Form und Größenlehre. Rede, die ich als diesjähriger Präsident der helvetischen Gesellschaft den 26. April 1826 in Langenthal gehalten. 1826. 398 S.

Die im 14. und 15. Bande enthaltenen Stücke sind mit Ausnahme der Rede nicht von Pestalozzi geschrieben worden.

Folgende fünf Stücke sind in dieser Gesamtausgabe zum ersten Male gedruckt:

42. Die Vorrede, datiert Iferten, den 8. September 1818. I, V—XII. 1822.

Neudruck: P. s. W. I, 35—38.

43. Ansichten über Industrie, Erziehung und Politik, mit Rücksicht auf unsern diesfälligen Zustand vor und nach der Revolution. Den Schluß bildet das „Bild eines Armenhauses und über die religiöse Bildung der Kinder der Armen", aus der Wochenschrift für Menschenbildung (Nr. 20). IX, 49—150. 1822.

Neudruck: P. s. W. XIII, 347—424.

44. Oeffentliche Erklärung, datiert Iferten, den 17. März 1824. XII, X—XVI. 1824. Den Prozeß mit Niederer betreffend.

Neudruck: P. s. W. XIII, 341—346.

45. Rede, die ich als diesjähriger Präsident der helvetischen Gesellschaft den 26. April 1826 in Langenthal gehalten. XV, 324—398.

Neudruck: P. s. W. XV, 149—209.

46. Schwanengesang. Band XIII.

Neudrucke: 1. P. s. W. XIV.

2. P. a. W. IV, 209—422.

1820.

47. Ein Wort über den gegenwärtigen Zustand meiner pädagogischen Bestrebungen und über die neue Organisation meiner Anstalt. Von | Heinrich Pestalozzi | Zürich, | gedruckt bey Orell, Füßli und Compagnie, und zu haben in Iferten beym Verfasser | 1820. 96 S.

Neudrucke: 1. P. s. Schr. XI, 193—248. 2. Baudlin, der Genius von Vater Pestalozzi. Zürich. 1846. S. 289 319, mit Weglassung der Verteidigung Schmids am Schlusse (S. 64 70 der ersten Ausgabe). 3. P. s. W. IX, 283—340. 4. P. a. W. IV, 173—207.

1826.

48. Meine Lebensschicksale | als Vorsteher meiner Erziehungsinstitute | in Burgdorf und Iferten; von Pestalozzi. Leipzig, bei Gerhard Fleischer. | 1826. 251 S. Die 2. unveränderte Auflage 1852 in demselben Verlage ist nur eine Titelauflage.

Neudruck: P. s. W. XV.

1828.

49. Die „Pestalozzischen Blätter" von Niederer bilden eine besondere Abteilung der „Allgemeinen Monatsschrift für Erziehung und Unterricht", herausgegeben von I. P. Rossel, Gymnasiallehrer zu Aachen, einem Schüler Niederers. Aachen 1828 ff. (Berlin, Sch. M.) In diesen Blättern sollte „allmählich" P. ganze Erziehungs-Unternehmung nach den Ansichten, welche ihr zu Grunde liegen, den Mitteln, welche sie schuf, zur Sprache kommen und gesichtet werden, und dieß nicht blos auf Grund schon gedruckter Ansichten, wie sie namentlich in den P. Schriften mitgetheilt werden, sondern auch nach mancher mündlichen Äußerung P., und ebenso nach ungedruckten Handschriften desselben aus der frühern Zeit in Burgdorf u. s. s.". Jährlich sollten 24 Bogen ausgegeben und auch unter besonderem Titel allein verkauft werden, doch trat schon 1829 eine Stockung ein.

Der 9. Band vom Jahre 1828 enthält: Geschichtliches über Pestalozzi und seine Anstalten: 1. Pestalozzi. S. 49. 273. 385. 497. 2. Correspondenzauszüge: Brief Pestalozzis an Wieland. 189. An Stapfer. 443. 3. Beilagen und Urkunden. P. Lage und Bestrebungen in Burgdorf. 296. 4. P. Selbstschilderung. 511. 5. Mein Leben und Wirken in der P. Erziehungsanstalt von Krüsi. 600. Erziehung, Methode: 1. Die Methode. Eine Denkschrift Pestalozzis. 66. 161. 2. Religiöse Menschenbildung. P. Blicke auf Christus und seine Lehre. 174. 3. Theorie der Menschenbildung. Ein Blick auf meine Erziehungszwecke und Erziehungsversuche. Von P. und seinen Freunden. 181. 286. 403. 4. Methode. Sittliche Sprach- und Denkübungen von Pestalozzi, gesammelt und erweitert von H. Krüsi. 525. 5. Kritik. Übungen zur Entwicklung des Begriffes der P. Idee und Methode der Menschenbildung. 634.

Der 10. Band (1828) enthält von Geschichtlichem 1. Den Schluß des Aufsatzes von Krüsi, geschrieben im Herbst 1816. S. 19. 2. Das erste öffentliche Zeugniß einer Schulbehörde über P. Methode. 107. 3. Wie Vater P. anno 1774

2*

sein drey und ein halbjähriges Söhnlein Jacobli unterrichtet und beobachtet, und zu welchen Betrachtungen es ihn führt. Ex ungue leonem. 511. 632. 1. Neujahrsrede von P. gehalten am ersten Jänner 1817. 600.

Über Erziehung und Methode: 1. Die Fortsetzung und der Schluß der Theorie der Menschenbildung. 62. 181. 385. 2. Fortsetzung der sittlichen Sprachübungen. 77. 302. 112. 3. Menschenlehre. Erster Artikel: Epochen, von Pestalozzi. 161. 273. 1. Gesichtspunkte, auf welche menschenbildende Anstalten ihr Augenmerk vorzüglich zu richten haben. 288. 497. 636.

Der 11. Band (1829) enthält von Geschichtlichem: P. Brief an Frau v. W. in F. vom 8. Jänner 1811. 187.

Über Erziehung und Methode: 1. Die Fortsetzung der Gesichtspunkte. 19. 2. Die Kinderlehre der Wohnstube von Pestalozzi. 62. 393. (Siehe Nr. 12.)

Der 12. Band (1829) enthält von Geschichtlichem: 1. Des Jünglings P. sittliches Ideal von sich selbst als Mensch, als Freund, Gatte, Vater, Erzieher und Bildner. Ein biogr. Denkmal, und zugleich eine psychologische geschichtliche Urkunde des Ursprunges und Geistes seiner Unternehmung für Menschenbildung. 161.

Über Erziehung und Methode: Die Fortsetzung der Kinderlehre der Wohnstube. 177. 390.

Band 15: Rede am Neujahr 1816. 800 807. 816 21.

Folgende acht Stücke aus Pestalozzis Feder sind (außer Nr. 12) in den „Pestalozzischen Blättern" zum ersten Male gedruckt:

50. Briefe Pestalozzis an Wieland, Stapfer und Frau v. W. in F. IX, 189. 113. XI, 187. Der Brief an Frau v. W. in F. ist wieder abgedruckt in den Pestalozziblättern VIII, 20 23. Zürich 1887.

51. Pestalozzis Selbstschilderung. Aus dem Jahre 1802. IX, 511 525.

Neudruck: P. s. W. XVIII, 245—255.

52. Die Methode. Eine Denkschrift Pestalozzis. IX, 66 80. 161 174.

Neudruck: P. s. W. XVIII, 289 305.

53. Religiöse Menschenbildung. P. Blicke auf Christus und seine Lehre IX, 171 ff.

Neudruck: P. s. W. XVIII, 284—289.

54. Wie Vater P. anno 1774 sein drey und ein halbjähriges Söhnlein Jacobli unterrichtet und beobachtet, und zu welchen Betrachtungen es führt. X, 511. 632. Wieder abgedruckt in den Pestalozzi blättern VIII, 25 35, Zürich 1887, unter dem Titel: Aus Pestalozzis Tagebuch über die Erziehung seines Söhnchens.

55. Epochen. Eine sozialpolitische Schrift. Aus der Zeit 1801 bis 1803. X, 168 184. 273—288.

Neudruck: P. s. W. XVIII, 256—283.

56. Rede am Neujahr 1816. XV, 800 807. 816 821.
Neudrucke: P. s. W. XVIII, 306 318. Vergleiche auch:
Pestalozzische Blätter von Ramsauer und Zahn. Elberfeld und
Meurs 1816. S. 89 93.

57. Neujahrsrede 1817. X, 609—631.
Neudruck: P. s. W. XVIII, 319--335.

1829.

58. Vaterlehren in sittlichen Wortdeutungen. Ein Vermächtniß von Vater Pestalozzi an seine Zöglinge. Verwahrt und gesammelt
von Hermann Krüsi, Vorsteher der Kantonsschule in Trogen. Trogen.
Gedruckt und im Verlag bei Meyer und Zuberbühler. 1829. XIII und
120 S.

1834.

59. (Fellenberg) Heinrich Pestalozzis bis dahin unedirte Briefe
und letzte Schicksale. Bern 1834. Jenni. II und 59 S. Die Briefe
finden sich auch abgedruckt bei Bandlin, der Genius von Vater Pestalozzi S. 260 271,
Zürich 1846, und in den Pestalozziblättern XII, 22 31. Zürich 1891.

1838.

60. 12 Briefe Pestalozzis an von Türk. Abgedruckt in „Erfahrungen über Erziehung und Unterricht". Von von Türk. Berlin 1838.
S. 262 80.

1846.

61. Pestalozzi über Jesus Christus (1804). Drei Briefe P.
an Kirchenrat Kleinschmidt. Rückblick auf J. H. Pestalozzi von Dr.
J. Kortüm. Heidelberg 1846. S. 23 28.

62. Sechs Briefe von Pestalozzi vom Jahre 1811. Pestalozzische
Blätter. Herausgegeben von Ramsauer und Zahn. 1. Heft. S. 76--88.
Elberfeld und Meurs 1846.

1850.

63. Letters on early education. Translated from the
German manuscript. With a memoir of Pestalozzi. London
1850. (H.)

1869—71.

64. J. H. Pestalozzi's Ausgewählte Werke. Mit Pestalozzis Biographie. 4 Bände. Langensalza, Verlags Comptoir von Hermann Beyer. 1869—71. 4. Auflage 1889.

Inhalt: 1. Band. Lienhard und Gertrud. Erster und zweiter Theil. 1869. 123 S.

2. Band. Lienhard und Gertrud. Dritter und vierter Theil. 1869. 580 S.

3. Band. Abendstunde eines Einsiedlers. P. Brief an einen Freund über seinen Aufenthalt in Stanz. Wie Gertrud ihre Kinder lehrt. Ansichten und Erfahrungen, die Idee der Elementarbildung betreffend (aus dem Journal für Erziehung). Über die Idee der Elementarbildung (Lenzburger Rede). 1870. 532 S.

4. Band. Einige meiner Reden an mein Haus 1808, 1809, 1810, 1811, 1812 und 1818. Ein Wort über den Zustand meiner pädagogischen Bestrebungen und über die Organisation meiner Anstalt im Jahre 1820. Schwanengesang. Pestalozzis Leben und Wirken von Friedrich Mann. 1871. 576 S.

1869—73.

65. Pestalozzi's sämmtliche Werke. Gesichtet, vervollständigt und mit erläuternden Einleitungen versehen von L. W. Seyffarth, Rector und Hilfsprediger zu Luckenwalde. 18 Bände. Brandenburg a. H. Druck und Verlag von Adolf Müller. 1869—73. 2. (Titel-) Auflage 1881.

Inhalt: 1. Band. Abendstunde eines Einsiedlers. Lienhard und Gertrud. 1. Theil. 1869. 320 S.

2. Band. Lienhard und Gertrud. 2. Theil. 1869. 270 S.

3. Band. Lienhard und Gertrud. 3. Theil. 1869. 336 S.

4. Band. Lienhard und Gertrud. 4. Theil. 1869. 336 S.

5. Band. Lienhard und Gertrud. 5. Theil. Abhandlung über die Frage: Inwiefern ist es schicklich, dem Aufwande der Bürger in einem kleinen Freistaate, dessen Wohlfahrt auf die Handelschaft begründet ist, Schranken zu setzen? 1870. 321 S.

6. Band. Christoph und Else. 1870. 368 S.

7. Band. Ein Schweizer-Blatt. 1782. 1870. 354 S.

8. Band. Über Gesetzgebung und Kindermord. Kleinere Schriften aus früheren Jahren: Agis. Drei Briefe über die Erziehung der armen Landjugend. Bruchstück aus der Geschichte der niedrigsten Menschheit. Erziehungsanstalt für arme Kinder. Zuverlässige Nachricht von der Erziehungsanstalt für arme Kinder. 1870. 320 S.

9. Band. Fabeln. 1870. 187 S.

10. Band. Meine Nachforschungen über den Gang der Natur in der Entwicklung des Menschengeschlechts. Die Revolutionsschriften 1798. Ansichten über die Gegenstände, auf welche die Gesetzgebung Helvetiens ihr Augenmerk vorzüglich zu richten hat. 1871. 376 S.

11. Band. Brief P. über den Aufenthalt in Stanz. Wie Gertrud ihre Kinder lehrt. 1871. 315 S.

12. Band. An die Unschuld, den Ernst und den Edelmuth meines Zeitalters und meines Vaterlandes. 1871. 312 S.

13. Band. Einige meiner Reden an mein Haus. 1808, 1809, 1810, 1811 und 1812. An Herrn Geheimrath Delbrück. Pestalozzi aus Publikum. Rede an mein Haus, 12. Jänner 1818. Ein Wort über den Zustand . . meiner Anstalt im Jahre 1820. Öffentliche Erklärung. Ansichten über Industrie, Erziehung und Politik. Religiöse Bildung der Kinder der Armen. 1871. 424 S.

14. Band. Pestalozzis Schwanengesang. 1872. 272 S.

15. Band. Meine Lebensschicksale als Vorsteher meiner Erziehungsinstitute in Burgdorf und Iferten. Rede, die ich als diesjähriger Präsident der helvetischen Gesellschaft den 26. April 1826 in Langenthal gehalten. An Helvetiens Volk. 1872. 208 S.

16. Band. Der natürliche Schulmeister. Über die Ursachen der französischen Revolution. Nachträgliche Bemerkungen zur Abendstunde eines Einsiedlers. Schluß wort 1872. 407 S.

17. Band. Ansichten und Erfahrungen, die Idee der Elementarbildung betreffend in Verbindung mit Aufsätzen und Bruchstücken, die den Gang und die Geschichte meiner Lebensbestrebungen erheitern. Über die Idee der Elementarbildung (Lenzburger Rede). 1873. 383 S.

18. Band. Aus der Wochenschrift für Menschenbildung. Aus Niederers Schrift: Pestalozzis Erziehungsunternehmen im Verhältniß zur Zeitkultur. Aus dem Nachlasse Pestalozzis. 1873. 336 S.

In der Seyffarthschen Ausgabe sind folgende zwei Schriften zum ersten Male gedruckt:

66. Der natürliche Schulmeister, oder Praktische Anweisung in den einfachsten Grundsätzen des Kinderunterrichts in allen Vorkenntnissen, die ihnen unter dem sechsten Jahre beizubringen nothwendig sind. Es ist für ein mal nicht die Rede, durch diesen Versuch die schweizerische Nation rein Deutsch reden zu lehren, sondern die verwahrloste Jugend verstehen zu lehren, was man in der Schweiz wirklich redet. Mit 2 Anhängen: Nachtrag aus den Vaterlehren. Aus dem Buche der Mütter. XVI, 3 310.

67. Ueber die Ursachen der französischen Revolution. XVI, 311 378. Vergleiche dazu: Pestalozzis Ja oder Nein 1793. In den Pestalozziblättern IX, 9. 17. Zürich 1888.

1875.

68. Pestalozzis Kundgebungen über zürcherische Zustände in den Jahren 1793—98.

1. Memorial über die Freyheit des Handels für die Landschaft Zürich. Von Pestaluzz, Verfasser von Leonhardt und Gertrud. 1797.

2. Ueber zürcherische Zustände und Verhältnisse.

3. Oratio pro domo 1797.

4. Ueber den Zustand und die Lage des zürcherischen Landvolks und des Magistrats — seine daher resultirenden Beschwerden und das Benehmen des Letzteren.

5. Zürich Stadt und See. Dargestellt für einen auswärtigen Freund (Zinzendorf?).

6. Ueber die Natur der im Zürichgebiet sich äußernden Volksbewegung.

7. An die Seegemeinden. 1795.

8. P. an die zürcherische Regierung. Nebst Beilage.

9. P. an Lavater. Drei Briefe und eine Antwort Lavaters.

Pestalozzi. Idee und Macht der menschlichen Entwicklung. Bearbeitet von Josephine Zehnder geb. Stadlin. Gotha 1875. Thienemann. S. 765—828.

1878—92.

69. Pestalozziana, veröffentlicht in den „Pestalozziblättern". Die seit 1878 in Zürich erscheinen, 1878 und 1879 im „Korrespondenz blatt des Archivs der Schweiz. permanenten Schulausstellung in Zürich". seit 1880 herausgegeben von der Kommission für das Pestalozzistübchen.

(1877, 3. Briefe Pestalozzis an Pfr. Schultheß 1784 und 1799, an seine Nichte Anna Schultheß 1811, an P. Muralt 1815, an Orelli 1815 und 1817. P. letzte Willenserklärung 1827.

(1878, 4. Pestalozzi. An die Freunde der Menschen und an Helvetiens Freunde.

(1879, 1. Pestalozzi an Ramsauer (Zeugniß und Briefe aus den Jahren 1816 18). Allgemeine Begriffe von der Gesellschaft der Illuminaten.

(1879, 4 6. Briefe Pestalozzis an Fellenberg.

(1880. Briefe Pestalozzis. S. 12. 21. 41. Ideen zu einem christlichen Lied für eine Arbeitsstube meistens armer Kinder. 96.

(1882. Versuch einer Skizze über das Wesen der Idee der Elementarbildung (1826). 49—60. Familienbriefe Pestalozzis. 12.

(1883. Briefe Pestalozzis an Stapfer. 10. Familienbriefe P. an seine Schwester in Leipzig. 30. 39. 92. P. Ideen über Sansculottismus und Christenthum. 86.

(1884. Familienbriefe P. an seine Schwester in Leipzig. 12. 80. 88. Briefwechsel zwischen P. und Rosette Kasthofer aus dem Jahre 1808. 27. 44.

(1885. P. Memoire an Leopold II. über die Verbindung der Berufsbildung mit der Volksschule. 21. Zwei Briefe P. an seinen Sohn. 6. Familienbriefe an seine Schwester in Leipzig. 20. Familienbriefe an Verwandte s. Fran. 96. Verzeichniß der Pestalozzibriefe nach Adresse und Datum. Verzeichniß der Archivalien zu Pestalozzis Leben.

(1886. Zwei politische Broschüren P. aus der Revolutionszeit. 17. (Die zweite, „An Helvetiens Volk", findet sich schon in P. s. W. XV, 205—209.) Ein politisches Memorial P. aus der vorrevolutionären Zeit. 31. Briefe P. an Stapfer. 57.

1888. Pestalozzis Ja oder Nein 1793. S. 9. 17. Über Unterwaldens Schicksal 1798. S. 33. Officielle Proklamation 1798. S. 41. 1889. Eine Rede P. an sein Haus. (1813 oder 1814.) S. 18. Aus P. Umarbeitung seines Buches: Wie Gertrud ihre Kinder lehrt. 1. und 2. Brief. 41. 1890. Brief P. an Zschokke. 21. Familienbriefe betr. Anna Schulthess und ihre Verlobung mit Pestalozzi. 25. 33. Brief P. an die Schulkinder in Bregenz. 61. 1891. Brief P. an Muralt 1811. 62. Stammbuchblatt P. an eine Enkelin Lavaters. 64. 1892. Pestalozzis und Lavaters Briefwechsel. 1797 98. 19.

1881.

70. Sechs ungedruckte Pestalozzibriefe. Mitgetheilt von J. Keller, Rector in Aarau. Kehrs Päd. Blätter X, S. 130 135. Gotha 1881.

71. Briefwechsel zwischen Pestalozzi und dem Minister Zinzendorf 1783 1790. Mitgetheilt von Hunziker-Küßnacht. Pädagogium v. Dr. Dittes III (1881), 469 483. 535 551.

1884.

72. Isaak Iselin und Heinrich Pestalozzi. 38 ungedruckte Briefe Pestalozzis. Mitgetheilt von J. Keller, Rector in Aarau. Kehrs Päd. Blätter XIV, 72. 182. 268. 351. Gotha 1884.

1889.

73. Sechs Briefe P. an Jakob Sarasin. Mitgetheilt von Sem. Dir. Keller in Wettingen. Kehrs Päd. Blätter XVIII, S. 88—93. Gotha 1888.

Zusammenstellung der Schriften Pestalozzis nach der Zeit der Abfassung.

I. Jugendzeit.

1765. „Agis" (1).

1765 67. Mitarbeit am „Erinnerer" (f. Morf, z. Biogr. Pestalozzis).

II. Neuhof (1769—98).

1771. Tagebuch (54).

1775. Bitte an Menschenfreunde und Gönner (2).

1776 77. Briefe über die Erziehung der armen Landjugend (3).

1777. Bruchstück aus der Geschichte der niedrigsten Menschheit (1).

1778. Zuverlässige Nachricht von der Erziehungsanstalt auf dem Neuhof (6).

1780. Abendstunde eines Einsiedlers (7). Über Gesetzgebung und Kindermord (15).

1781. Preisfrage über den Aufwand (8). Lienhard und Gertrud, erster Theil (9).

1782. Schweizerblatt (13). Christoph und Else (14).

1783. Lienhard und Gertrud, zweiter Theil (9).

1785. Lienhard und Gertrud, dritter Theil (9).

1787. Lienhard und Gertrud, vierter Theil (9).

1790 92. Umarbeitung von Lienhard und Gertrud in 3 Bänden (10).

1793. „Ja oder Nein, Aeußerungen über die bürgerliche Stimmung der Europäischen Menschheit in den oberen und unteren Ständen von einem freyen Mann im Hornung 1793" (unter dem Titel „Über die Ursachen der französischen Revolution") (67).

1795 98. Ueber zürcherische Zustände (68).

1797. Figuren zu meinem ABC Buch (in 2. Auflage: „Fabeln") (16). Nachforschungen über den Gang der Natur in der Entwicklung des Menschengeschlechts (17).

III. Periode der Helvetik (1798—1803).

1798. Helvetisches Volksblatt (18). Politische Broschüren zu Gunsten der Helvetik (18).

1799. Brief über den Aufenthalt in Stanz (28).

1800. Die Methode (52).

1801. Anweisung zum Buchstabieren und Lesenlehren (19). — Wie Gertrud ihre Kinder lehrt (20).

1802. Ansichten über die Gegenstände, auf welche die Gesetzgebung Helvetiens vorzüglich ihr Augenmert zu richten hat (21). Pestalozzis Selbstschilderung (51).

1803. (Pestalozzis Elementarbücher. Buch der Mütter) (22). Zwischen 1801 und 1803. Religiöse Menschenbildung (53). Epochen (55).

Zwischen 1802 und 1805. Der natürliche Schulmeister (66).

IV. Iferten (1805 1825).

1807. Bericht an die Eltern und an das Publikum über den Zustand der Pestalozzischen Anstalt (23). Ansichten, Erfahrungen und Mittel zur Beförderung einer der Menschennatur angemessenen Erziehungsweise (24).

1807--11. Wochenschrift für Menschenbildung von Heinrich Pestalozzi und seinen Freunden (25 33).

1809. Ueber die Idee der Elementarbildung (Lenzburger Rede) (31).

1812 — 13. Brief an Hrn. Geheimrath Delbrück (36). · Erklärung gegen Hrn. Chorherr Bremis drei Dutzend Württische Zeitungsfragen (37).

1814. Rede (68).

1815. An die Unschuld, den Ernst und den Edelmuth meines Zeitalters und meines Vaterlandes (38).

1818. Rede an mein Haus am 12. Januar 1818 (40).

1818/19. Letters to Lord Greaves on early education (nur in englischer Übersetzung vorhanden) (63).

1819 26. Gesammtausgabe von Pestalozzis Werken bei Cotta, von Pestalozzi jeweilen mit Einleitungen u. s. w. versehen. 15 Bände (11).

1820. Ein Wort über den Zustand meiner pädagogischen Bestrebungen und über die Organisation meiner Anstalt (47).

1822. Ansichten über Erziehung, Industrie und Politik (43).

1824. Oeffentliche Erklärung (44).

V. Lebensabend (1825 1827).

1826. Rede in der Helvetischen Gesellschaft zu Langenthal (45).

Schwanengesang (46). Meine Lebensschicksale (18). — Versuch einer Skizze über das Wesen der Elementarbildung (69).

Schriften und Aufsätze über Pestalozzi.

1782.

74. Musäus, Kritik über Lienhard und Gertrud. 1. Theil. In der Allgemeinen deutschen Bibliothek. 52. Band, 146–118. (Vergl. 9.)

1797.

75. Herder, Kritik der Schrift: Meine Nachforschungen ꝛc. (Nr. 17.) Erfurter Gelehrte Nachrichten 1797, 60. Stück. Aufgenommen in Herders s. W. Zur Philosophie und Geschichte, 15. Theil, S. 386–393. Sonderdruck: Ein Zeuge der Wahrheit, oder Herder über Pestalozzi. Zürich. Geßner. Herder schreibt die Schrift Geßner zu.

1800.

76. Schreiben des Bezirksstatthalters von Burgdorf (Schnell) an seinen Freund K. über Pestalozzis Lehranstalt. Bern 1800. Geßner. 15 S. (Zürich, Stadtbibl.)
Neudruck: Pestalozziblätter IX, 53–58. Zürich 1888.

77. Aufforderungen und Vorschläge zur Veredlung des Schul und Erziehungswesens. Leipzig 1800. (H.)

1801.

78. Aus einem Schreiben von B. Pr. Fischer in Burgdorf, Kanton Bern, an den Herausgeber, über die Pestalozzischen Versuche im Schul und Erziehungswesen. Helvetische Schulmeisterbibliothek von J. R. Steinmüller. Erstes Bändchen. St. Gallen 1801. Huber. S. 216–223. (Zürich, Stadtbibl.) Wieder abgedruckt in der Neuen allg. deutschen Bibl. LXX, 505–508.

79. Pestalozzis pädagogische Funde. Von Wieland. Neuer Teutscher Mercur 1801, Dezemberheft S. 293–94. Warme Empfehlung von P.'s „Wie Gertrud ihre Kinder lehrt". (Leipzig, Univ.-Bibl.)

1802.

80. Pestalozzis Idee eines ABC der Anschauung untersucht und wissenschaftlich ausgeführt von J. F. Herbart. (Göttingen 1802. Röwer. VI und 218 S. Halem gewidmet, mit 1 Figurentafel und 2 Tabellen. Anzeige von Gutsmuths in seiner Bibl. d. päd. Literatur 1803 I, 4—17. Die 2. Auflage hat folgenden Titel: Pestalozzis Idee eines ABC der Anschauung als ein Cyclus von Vorübungen im Auffassen der Gestalten, wissenschaftlich ausgeführt von J. F. Herbart. Zweyte, durch eine allgemein-pädag. Abhandlung vermehrte Ausgabe. Göttingen 1804. Röwer. 281 S. 1 Tafel Figuren und 2 Tabellen.

Neudrucke: 1. J. F. Herbarts sämmtliche Werke. Herausg. von Hartenstein. Leipzig 1851. Voß. XI, 79—233. — 2. J. F. Herbart. Pädag. Schr. Von Dr. Bartholomäi. Langensalza 1875. Beyer. II, 99—262. 3. J. F. Herbarts päd. Schr. . . von Dr. Willmann. Leipzig, Voß. 1880.² I, 101—224. 4. J. F. Herbarts sämmtliche W., herausg. von Kehrbach. Leipzig 1882. Veit. I, 169—311.

81. Über Pestalozzis neueste Schrift: Wie Gertrud ihre Kinder lehrt. An drei Frauen. Von Herbart. In der Zeitschrift „Irene", herausg. von Halem, Berlin. Unger. Januarheft 1802, S. 15—51. (Willmann.) Auch für sich als Broschüre erschienen. (Paris, Sch. M.)

Neudrucke: 1. Herbarts sämmtliche Werke. Von Hartenstein. Leipzig 1851. Voß. XI, 15—60 (Kleine Schriften III, 74). 2. J. F. Herbart. Päd. Schriften, herausg. von Dr. Bartholomäi. Langensalza 1875. Beyer. II, 65—97. — 3. J. F. Herbarts päd. Schriften . . . von Dr. O. Willmann. Leipzig 1880.² Voß. I, 83—100. — 4. Herbarts sämmtliche Werke. Von Kehrbach. Leipzig 1882. Veit. I, 153—168.

82. Amtlicher Bericht über die Pestalozzische Anstalt und die neue Lehrart derselben, von Johann Ith, Decan und Präsident des Erziehungsraths in Bern. Tu quoque futurus ibis in aevum, Qui primaevos tandique rudes Elementorum prima docebas Signa novorum. Ausonius. Bern und Zürich, bey H. Geßner. 1802. VI und 125 S. Auf dem Umschlage: Über die Pestalozzische Lehranstalt in Burgdorf. Bern, in der Nationalbuchdruckerey 1802.

83. Pädagogik des 18. Jahrhunderts nach Falk, und des 19. Jahrhunderts nach Pestalozzi. Von . . . . z. Neuer Teutscher Mercur 1802, 1. B. S. 101—121 und 183—198. Begeistert für Pestalozzi. (Leipzig, Univ.-Bibl.)

84. Ode an Heinrich Pestalozzi, von einem jungen Erzieher. Basel 1802. Flick. 7 S. (Zürich, Stadtbibl.)

1803.

85. Über Pestalozzis Lehrart. Von E. G. Fischer. Abhandl. der Königl. Akademie der Wissensch. und schönen Künste. Berlin 1803. S. 181—90. (H.)

86. Über Pestalozzis Lehranstalt in Burgdorf. Aus einem Briefe J. Gruners an Wieland. Neuer Teutscher Mercur 1803. 1. B. S. 135—143. (Leipzig, Univ.-Bibl.) Begeistert für P.

87. Pestalozzis Menschenlehre aus seinen Nachforschungen über den Gang der Natur in der Entwickelung des Menschengeschlechts gezogen und mit untermischten kritischen Anmerkungen katechetisch-dialogisch bearbeitet von M. C. G. Hempel. Act. 17, 20. Leipzig 1803. Stein acker. XII und 134 S. Vergl. Nr. 17.

88. Versuch einer Einleitung in die Grundsätze des Pestalozzischen Elementarunterrichts. Nebst einem Anhange über die Oliviersche Lese und Rechtschreibungslehrmethode von J. F. W. Himly. Berlin 1803. Haude und Spener. XII und 210 S. Anzeige von Gutsmuths in seiner Bibliothek der päd. Lit. 1803 III, 733 46.

89. Horstig an Gutsmuths über Pestalozzi, dat. Paris 10. Jan. 1803. In Gutsmuths Bibliothek der päd. Litt. 1803 I, 275 80.

90. Pestalozzis Methode und ihre Anwendung in Volksschulen. Von F. H. C. Schwarz, Pfarrer in Münster. Bremen 1803. Seyffert. 56 S. Anzeige in Gutsmuths Bibl. d. päd. Lit. 1804 I, 228 31.

91. Pestalozzi, seine Lehrart und seine Anstalt. Mit Bemerkungen und 4 Tabellen begleitet von A. Soyaux. Leipzig 1803. Fleischer. 93 S. Anzeige in Gutsmuths Bibl. d. päd. Lit. 1804 I, 47 54.

92. Bemerkungen gegen Pestalozzis Unterrichts Methode, nebst einigen Beylagen, das Landschulwesen betreffend. Von Joh. Rud. Steinmüller, Pfarrer der Gemeinde Gaiß. Prüfet alles, das Beste behaltet. Paulus. Zürich 1803. Orel, Füßli u. Co. XXII und 226 S.

93. Ausführliche Analyse von Pestalozzis Schrift: Wie Gertrud ihre Kinder lehrt. Von M. Tillich. In den Beiträgen zur Erziehungskunst von Chr. Weiß und M. C. Tillich. 1. Bandes 1. Heft 68 112. 2. Heft 221 265. Leipzig 1803. Gräfe.

94. Anzeige der vorzüglichsten Schriften über Pestalozzis Lehrart von Ith, Herbart, Soyaux, Himly, Schwarz und P. Elementarbücher selbst. Von M. Tillich. Daselbst 2. Heft 292—337.

95. Abhandlung über den eigenthümlichen Charakter der Pesta lozzischen Lehrart. Von M. Tillich. Daselbst 2. Heft S. 338 361.

96. Wolkes Urtheil über Pestalozzi im Reichsanzeiger 1803 Nr. 169, 248, 250 und 281. Zum Teil abgedruckt bei Mori, Zur Biogr. P. III, 169 177. Vergl. Nr. 126.

97. Pestalozzis Elementarbücher.
a) ABC der Anschauung oder Anschauungslehre der Maßverhält nisse. Erstes und zweytes Heft. Zürich und Bern bei Geßner, und Tübingen bei Cotta. 1803. I.: X und 84 S. 1 Tabelle. II.: XII (Vorrede Pestalozzis, Burgdorf im August 1803) und 148 S. 2 Tabellen. b) Anschauungslehre der Zahlenverhältnisse. 3 Hefte. Im gleichen Verlage. I.: XXIV und 175 S. 1 Tabelle. II.: X (Vorrede Pestalozzis, Burgdorf im Heumonat 1803) und 251 S. 1 Tafel. III.: (1804) IV (Vorrede Pestalozzis, Burgdorf 1. März 1804) und 287 S. Anzeige in Gutsmuths Bibl. d. päd. Lit. 1805 I, 113 117.

98. Neuestes ABC und Lesebuch nach Pestalozzi und Olivier. Zeit 1803. (Ralorp, Schulbibliothek.)

1804.

99. Dem Herrn Professor Salzmann, Director der Erziehungs anstalt zu Schnepfenthal, gewidmet. Briefe aus Burgdorf über Pestalozzi, seine Methode und Anstalt. Ein Beytrag zum besseren Verständniß des Buches: wie Gertrud ihre Kinder lehrt, und zur Erleichterung des zweck mäßigen Gebrauchs der Pestalozzischen Elementar Unterrichtsbücher; von Anton Gruner, practischem Erzieher. Mit 4 Kupfertafeln. Hamburg 1804. Perthes. XXX und 360 S. Die 2. Auflage hat den Zusatz:

Ein Versuch, die P. Methode nach ihrem Geiste und ihren Grund sätzen sowohl, als nach ihren Elementarunterrichtsmitteln darzustellen und ihre Ausübung zu erleichtern. Von Anton Gruner, Oberl. an der Musterschule zu Frankf. am Mayn. Zweite unveränderte mit vier neuen Briefen vermehrte Ausgabe. Frankf. a. M. 1806. Mohr. XXXI und 404 S. Eintheils- und beide Bruchtabellen.

100. Pestalozzis Religionslehre, dialogisch bearbeitet von C. G. Hempel. Leipzig 1804. Steinacker. (H.)

101. Über den Standpunkt der Beurtheilung der Pestalozzischen Unterrichtsmethode. Eine Gastvorlesung, gehalten im Museum zu Bremen. Von J. F. Herbart. Bremen 1804. Seyffert. 23 S. (Paris, Sch. M.) Anzeige in Gutsmuths Bibl. d. päd. Lit. 1804 II, 273 275.

Neudrucke: J. F. Herbarts kleine Schriften von Harten stein. I, 29. J. F. Herbarts sämmtliche Werke. Von Harten stein. Leipzig 1851. Voß. XI, 315 354. J. F. Herbart. Päd. Schr. von Dr. Bartholomäi. Langensalza 1875. II, 263 274.

– J. F. Herbarts Päd. Schr. von Dr. Willmann. Leipzig, Voß. 1880². 303—311. – J. F. Herbarts s. W. von Kehrbach. Leipzig 1882. Veit. I, 311–50.

P. Idee eines ABC der Anschauung. Von J. F. Herbart. 2. Ausgabe. (Nr. 80.)

102. Beytrag zur nähern Einverständigung über die Pestalozzische Methode. Von J. F. W. Himly. Berlin 1804. Haude u. Spener. 38 S.

103. Kritik der Pestalozzischen Erziehungs- und Unterrichtsmethode, nebst Erörterung der Hauptbegriffe der Erziehungswissenschaft. Von Friedrich Johannsen. Jena und Leipzig 1804. Gabler. VIII und 311 S. (Leipzig, C. St.) Kurze, abweisende Anzeige in Gutsmuths Bibl. d. päd. Lit. 1804 I, 157–158.

104. Die Pestalozzische Unterrichtsanstalt zu Kreuznach. Sendschreiben des Herrn Kulisch an einen Freund des Herausgebers. Dat. Kreuznach den 16. Thermidor. Gutsmuths Bibl. d. Päd. Litt. 1804 II, 387–396.

105. Nachricht über die Müllerisch-Pestalozzische Schule in Maynz. Sendschreiben des Herrn Kulisch aus Maynz an einen Freund des Herausgebers. Mit 1 arithm. Tabelle. Daselbst 1804 III, 145–158. Enthält auch längere Mitteilungen aus einer kleinen Schrift von

106. Müller, die großen Hoffnungen des Menschenfreundes von der Verbreitung der Pestalozzischen Lehrart, weil sie außer dem Cirkel seiner Bekannten nicht gesehen wird.

107. Müller, W. Ch., Erfahrungen über P. Lehrmethode; eine Vorlesung im Bremischen Museum. Jetzt auf besondere Veranlassung erweitert. Bremen 1804. Heyse. 213 S. (H.) Vergl. Nr. 153.

108. Zur Nachricht für das Publikum, dem Herrn Dr. Müllers Erfahrungen über P. Methode zu Händen gekommen sind oder noch kommen sollten, von Blendermann. Gutsmuths Bibl. d. Päd. Lit. 1804, III, 299–302.

109. Beyträge zur Berichtigung der Urtheile über Pestalozzi, seine Methode und sein Institut. Herausgeg. von F. J. Müller. In den Blättern f. Nationalbildung und Privaterziehung. Erster Band. Passau 1804. Ambrosi. 1. Heft 112 S. 2. Heft 131 S. (Berlin, königl. Bibl.) Besprochen in Gutsmuths Zeitschr. f. Pädag. 1807 I, 318.

110. Pestalozzis Elementarunterricht. Umfassend dargestellt und erläutert durch psychologische und pädagogische Bemerkungen. Ein Beitrag zur Prüfung desselben. Von Christian Friedrich Michaelis, Doktor und Privatlehrer der Philosophie. Leipzig 1804. Comptoir f. Litter. XVI und 307 S.

111. M.** de H** (Neef), Précis de la nouvelle méthode d'éducation de M. Pestalozzi, directeur de l'institut d'éducation à Berthoud en Suisse; suivi de quelques considérations sur cette méthode par Amaury Duval. Paris, an XII. 1804. Panckoucke. (Guillaume.)

112. Niederer, Dr. J., Erklärung über die Recension der P. Methode. Intellig. Bl. der Jenaischen Allg. Literaturzeitung. 1804. Nr. 71. (H.)

113. Darstellung und Prüfung der Pestalozzischen Methode nach Beobachtungen in Burgdorf von Carl Wilhelm Passavant. Lemgo 1804. Meyer. 188 S.

114. Petitain, Article sur la nouvelle méthode de Pestalozzi, dans la Décade, Paris, an XII nᵒ 25 (mai 1804). (Guillaume.)

115. J. E. Plamann. Pestalozzis Lehrmethode als Fundament der wahren Geistesbildung dargestellt. Halle 1804. Renger. (Ersch, Lit. der Pädag.)

116. Von Rochow und Pestalozzi. Von Herrn Prediger Riemann. Berliner Monatsschrift 1804, Februar. (Neue allg. d. B. 96. B. S. 129.) Vergl. Nr. 119. Damit dürfte zusammenhängen die

Beschreibung der von Rochowschen Lehrart in Volksschulen, nebst Vergleichung derselben mit der Pestalozzischen. Von Riemann. 4. Auflage. Berlin und Stettin 1809. Nicolai. XVIII und 308 S. (Leipzig, C. St.) Anzeige in Gutsmuths Neuer Bibl. f. Pädag. 1810 III, 331—35.

117. Gebrauch der Pestalozzischen Lehrbücher bey dem häuslichen Unterricht und in Volksschulen. Von F. H. C. Schwarz, Pfarrer in Münster. Giessen 1804. Krieger. 52 S. Anzeige in Gutsmuths Bibl. d. päd. Lit. 1804 II, 307—310.

118. Bemerkungen über Pestalozzis Lehrmethode von Snethlage. Einladung zur Prüfung im Joachimsthalschen Gymnasium zu Berlin 1804. 94 S. Vergl. über die Disputation, die diese Schrift im Plamannschen Institute erregt: Harnisch, Mein Lebensmorgen. S. 190 ff.

119. Heinrich Pestalozzis Lehrsystem. Von Trapp. Im Anschlusse an die ausführliche Besprechung der Schriften: 1. Wie Gertrud ihre Kinder lehrt. 2—4. P. Elementarbücher. 5. Bemerkungen gegen P. von Steinmüller. 6. P. von Zonnay. 7. Pestalozzis Idee eines ABC der Anschauung von Herbart. 8. Versuch von Himly. 9. Amtlicher Bericht von Ith: Neue allg. deutsche Bibliothek 89. Band 387—426 und 90. Band 489—549. Berlin und Stettin 1804. 10. Beleuchtung der P. Großsprechereien. 11. Von Rochow und Pestalozzi von Riemann. 12. Bemerkungen von Snethlage. 13. Über Pestalozzis und Oliviers Lehrarten. 14. Kritik von Johannsen

15. Darstellung von Passavant. 16. P. Elem. Unterricht von Michaelis. 17. Beitrag von Simly. 18. Historische Nachricht von Zeller: Daselbst Band 96, 129—171. 19. Gruner, Briefe aus Burgdorf. 20. Herbarts ABC. 2. Auflage. 21. Pestalozzis Methode von Schwarz. 22. Bericht von Witte: Daselbst 100, Band, 290—310.

120. Briefe an Biester über die P. Methode. Von Trapp. Neue Berlinische Monatsschrift Nov. 1804 und Juni 1805. Morf, zur Biogr. Pest. III, 179 ff.

121. Historische Nachricht von einem Versuch über die Anwendbarkeit der Pestalozzischen Lehrart in Volksschulen und von einfachen Sonntagsschulen für ledige Handwerker. Von Carl Aug. Zeller, Religions- und Volksschullehrer. Tübingen 1804. Heerbrandt. 126 S. (Leipzig, C. St.) Neue Auflage 1810. Anzeige in Gutsmuths Neuer Bibl. i. Pädag. 1811, II, 155—58.

122. Zöllner, J. C., Ideen über Nationalerziehung. Berlin 1804. (H.)

123. H. Zschokke, Historische Denkwürdigkeiten der helvet. Staatsumwälzung 1804. II S. 259 ff. (H.)

124. Über Pestalozzis und Oliviers Lehrarten. Vorzüglich in Bezug auf Südpreußen. Nach den Nachrichten eines Augenzeugen. Berliner Monatsschrift. März 1804. Vergl. Nr. 119.

125. Beleuchtung der Pestalozzischen Großsprechereyen, nebst genauer Übersicht dessen ganzer voreilig angepriesener Methode. Erstes Heft. Von einem Freunde des Reellen und Wahren. Erfurt 1804. Rudolph. 168 S. (H.) Die Anzeige in Gutsmuths Zeitschr. für Pädag. 1807 I, 316 lautet: Kein Wort hier über dieses elende Machwerk! Die Recension in der Jenaischen L. Z. 1804 Nr. 29 lautet: Das Erbärmlichste, was Rec. über P. je gelesen hat.

126. Pestalozzis Lehrsystem wissenschaftlich dargestellt von A^ae. Jenaische Allgem. Literaturzeitung 1804, Nr. 59-61. Von demselben Verfasser auch in Nr. 98—100, 129, 151 und 217 Recensionen über Tillich, Analyse (93), die Elementarbücher (94), Ith, amtl. Bericht (82), Schwarz, P. Methode (90), Gebrauch der P. Lehrbücher (117), Johannsen, Kritik (103), Soyaux, P. Lehrart (91), Steinmüller, Bemerkungen (92), Beleuchtung (125), Wolfes Urtheil (96), Suethlage, Bemerkungen (118), Gruner, Briefe (99). (Leipzig, Univ.-Bibl.)

1805.

127. Exposé de la Méthode élémentaire de H. Pestalozzi, suivi d'une Notice sur les travaux de cet Homme célèbre, son Institut et ses principaux Collaborateurs. Par Dan. Alex. Chavannes, M. D. S. E. Membre du Grand Conseil et de la

Société d'Emulation du Canton de Vaud. Sensere quid mens rite, quid indoles Nutrita faustis sub penetralibus Posset. Hor. Od. IV. lib. IV. A Paris, chez L. Schoell. An XIII—MDCCCV. IV und 203 S. Mit den Einheits- und den beiden Bruchtabellen. Vevey 1806. — Nouvelle édition Paris et Genève 1809, Paschoud. Anzeige in Gutsmuths Neuer Bibl. 1808 II, 328—30.

128. Geist der Pestalozzischen Bildungsmethode nach Urkunden und eigener Ansicht. Zehn Vorlesungen von **Johann Ludwig Ewald**. Bremen 1805. Seyffert. XXVI und 308 S. Die Umarbeitung dieser Schrift ist betitelt:

Geist und Vorschrifte der Pestalozzischen Bildungsmethode, psycho logisch entwickelt; ein Versuch von **Johann Ludwig Ewald**. Mann heim und Heidelberg 1810. Schwan und Göß. Der Vorlesungen über die Erziehungslehre und Erziehungskunst f. Väter, Mütter und Erzieher von J. L. Ewald dritter Band. XXXII, 383 S. und 1 Tafel Figuren.

129. Über Entwicklung und Bildung der menschlichen Erkenntnisskräfte zur Verbindung des P. Elementarunterrichts mit dem wissenschaftl. Unterrichte in Realschulen von Dr. Georg Franz Hofmann. Basel und Aarau 1805. Flick. LVI u. 111 S.

130. Zeichnungslehre nach Pestalozzischen Grundsätzen von J. F. Cadomus. 1. Heft. Leipzig 1805. H. Gräff. 52 S. (H.)

131. Ein Paar Worte über Pestalozzis Bildungsmethode. Von D. G. G. Mehring. Progr. seiner Privat-, Lehr- und Erziehungsanstalt. Berlin 1805. (Berlin, königl. Bibl.)

132. (Niederer.) Prospekt des Pestalozzischen Instituts zu München buchjer in Verbindung mit den Erziehungsanlagen zu Hofwyl. Leipzig 1805. Gräff. 50 S. (Paris, Sch. M.) Ausführliche Anzeige in Guts. muths Zeitschr. f. Päd. 1806, II, 33—51.

133. Einzige Grundregel der Unterrichtskunst nach Pestalozzis Methode, angewandt in der Naturgeschichte, Geographie und Sprache von **Johann Ernst Plamann**. Halle 1805. Renger. VI und 234 S. Anzeige in Gutsmuths Zeitschr. f. Pädag. 1806 II, 222—232. Mein Exemplar enthält eine handschriftliche Widmung Plamanns an Pestalozzi und ist mit Pesta lozzis Bücherstempel versehen.

134. Pestalozzis Größenlehre als Fundament der Arithmetik und Geometrie betrachtet und weiter angewandt auf Dreiecke, Vielecke und Zirkel. Von J. F. Schmidt. Anhang zu Plamanns Grundregel der Unterrichts kunst. Halle 1805. Renger. 188 S. und 2 Tafeln. Anzeige in Guts muths Zeitschr. f. Pädag. 1807, I, 316—17.

135. Ström. Précis succinct de la méthode d'instruire de Pestalozzi. Copenhague. 1805. (H.)

136. Bericht an Seine Königl. Majestät von Preußen über das Pestalozzische Institut in Burgdorf (jetzt in Buchsee) von Karl Witte, Prediger in Lochau bei Halle. Leipzig 1805. Dyk. 64 S. (H.) Anzeige in Gutsmuths Bibl. d. Päd. Lit. 1805, I, 344—353.

137. Anweisung für Mütter und Kinderlehrer . . zur Mittheilung der allerersten Sprachkenntnisse und Begriffe . . von C. H. Wolke. Leipzig 1805. Voß. XVI und 501 S. Veranlassung zu der Schrift durch Pestalozzi S. 5. Über P. Anfangspunkte S. 25—31.

138. (Ischokke.) Zwei Briefe über P. Leben und Lehre an einen Mann vom Stande. Isis, Monatsschr. v. Teutschen und Schweizer Gelehrten. Zürich 1805. Augustheft S. 695—723. (Leipzig, Univ. Bibl.) Der Verfasser ist für P. begeistert.

139. Über Pestalozzi und sein Institut in Yverdon. Aus einem Briefe eines der P. Lehrer im August 1805. Neuer Teutscher Mercur 1805. 3. B. S. 209—221. (Leipzig, Univ. Bibl.)

1806.

140. Verstandesübungen nach Pestalozzis Lehrmethode zum Unterrichte für Kinder von J. E. Fischer. Dresden 1806. Hilscher. 75 S.

141. Noch ein Wort zur Empfehlung der kräftigeren, namentlich der Pestalozzischen Weise in der Behandlung und im Unterrichte der Jugend. Ein Nachtrag der Erfahrung zu den Briefen aus Burgdorf. Von Gruner. Heidelberg 1806. Mohr. (Leipzig, C. St., Paris, Sch. M.) Briefe aus Burgdorf von A. Gruner. 2. Auflage. (Nr. 99.)

142. Jahresfeyer der Pestalozzischen Lehranstalt in Iferten. Von Horstig. Aus den Gem. Schweizernachrichten vom 5. Jan. 1806 ab gedruckt in Gutsmuths Zeitschrift f. Pädag. 1806, I, 138—141.

143. (Horner, J.) Aufsätze für und gegen die Pestalozzische Unterrichtsmethode. Zürich 1806. Geßner. XV, 112 S. (Paris, Sch. M.)

144. Einige Beobachtungen und Berichtigungen über Pestalozzis Elementarmethode. Von D. Ihling in Meiningen. Gutsmuths Zeitschr. f. Pädag. 1806, I, 189—203.

145. Kaufmann, F., Nachricht von einer Pestalozzischen Probeschule. Luzern 1806. 30 S. (H.)

146. (Niederer.) Ankündigung einer Wochenschrift für Menschenbildung, bearbeitet und herausgegeben von Pestalozzi und seinen Freunden. Lausanne 1806. Fischer und Vincent. 16 S. Vergl. Nr. 25.

147. J. E. Plamann. Anordnung des Unterrichts für die Pestalozzische Knabenschule in Berlin. Halle 1806. Menger (Erich, Lit. d. Päd.).

148. Briefe aus München Buchsee über Pestalozzi und seine Elementarbildungsmethode. Ein Handbuch für alle die, welche dieselbe anwenden und P. Elementarbücher gebrauchen lernen wollen, vorzüglich für Mütter und Lehrer bestimmt von W. C. C. von Türk, Herz. Oldenb. Justiz Rath 2c. Erster Band mit 4 Kupfertafeln. XXXVIII und 302 S. Zweiter Band 244 S. Leipzig 1806. Gräff. Anzeige in Gutsmuths Zeitschr. f. Pädag. 1807, II, 49—61.

149. Nachricht von den in Oldenburg angestellten Versuchen in Pestalozzischer Lehrart. Von von Türk. Oldenburg 1806. Schulze. 53 S. (Leipzig, C. St., Paris, Sch. M.)

1807.

150. Evers, F. A. Über die Schulbildung zur Bestialität. Programm der Kantonschule in Aarau. 1807. (H.)

151. Kern, Dr. W. Pädagogische Fragmente, Pestalozzi gewidmet. Leipzig 1807. Gräff. XX und 150 S. (Zürich, Stadtbibl.) Besprochen in Gutsmuths Zeitschr. f. Päd. 1807 I, 315.

152. Pestalozzis Anschauungslehre der Zahlenverhältnisse in Beziehung auf die Arithmetik als Wissenschaft. Von J. F. Cadomus. Heidelberg 1807. Mohr und Zimmer. VI und 28 S. (H.)

153. Versuch einer allgemein pragmatischen Elementarschule für Kinder gebildeter Stände von 6—10 Jahren, besonders in Bremen, im freieren Geiste der Pestalozzischen Methode. Von W. C. Müller, zweiten Lehrer am Lyceum. Erstes Bändchen mit 8 Kupfern. Bremen 1807. Müller. LXXXVII, 396 S. 12°. Zweites Bändchen mit 8 Kupfern. Bremen 1809. XII und 552 S. 12°. Anzeige in Gutsmuths Neuer Bibl. f. Pädag. 1809, III, 146—51.

154. Einige Bemerkungen über die Pestalozzische Methode. Von Schaubach in Meiningen. Gutsmuths Zeitschr. f. Päd. 1807, I, 273—282. Mit Beziehung darauf:

155. Über Pestalozzis Methode, besonders die Schwierigkeit ihrer Verbreitung. Nebst manchen historischen Nachrichten aus Yverdon. Von E. Mieg. Dat. Yverdon 29. Juni 1807. Daselbst 1807, II, 291—302.

156. Torlitz, Reise in der Schweiz und einem Theile Italiens, veranlaßt durch Pestalozzi und dessen Lehranstalt. Kopenhagen und Leipzig 1807. Schuboth. (H.) Die Pestalozzi betr. Briefe: Pestalozziblätter V, 9—12, 17—27, 33—38. Zürich 1881.

157. Über Pestalozzis Methode und einige Schriften über dieselbe, namentlich Gruners Briefe, 2. Ausgabe, Ewalds Geist d. P. Bildungs methode, Müllers Erfahrungen über P. Lehrmethode. Von Professor Weiß. Gutsmuths Zeitschrift f. Päd. 1807, I, 204—251.

158. Zeller, C. A., historischkritischer Bericht über das Normal institut für die Landschullehrer des Kantons Zürich in Riedtli bei Zürich. Winterthur 1807. (H.)

159. Zschokke, H., Über Heinrich Pestalozzi und die Ausgabe seiner Werke. „Überlieferung zur Gesch. unsrer Zeit" Jahrgang 1807, S. 359 366. (H.)

160. Aus dem Briefe eines Reisenden in der Schweiz über Pesta lozzi u. s. w. Gutsmuths Z. f. P. 1807, I, 321 332.

1808.

161. Reden an die deutsche Nation durch Johann Gottlieb Fichte. Berlin 1808. Realschulbuchh. 490 S. Die Pestalozzi betr. Stellen S. 292 ff.

162. Würdigung der Pestalozzischen Methode, wie sie Niederer dargestellt, aus dem Standpunkte der wahren noch wenig gekannten Päda gogik, nebst einigen Ideen über die Platonische Ansicht der Erziehung. Zwey Abhandlungen von Schuldirectionsrathe Riel zu Würzburg. Gotha 1808. Perthes. XIV und 143 S. Selbstanzeige in der Neuen Bibl. für Pädagogik von Gutsmuths 1808 III, 161 179.

163. Schreiben eines Reisenden über Pestalozzi und seine Lehrart. Von Karl Ritter. Neue Bibliothek f. Pädagogik von Gutsmuths 1808, I, 17 33; 112—135. Auch abgedruckt in Zerrenners N. Schulfreund, 15. B. 1 50.

Zweiter Brief an den Herausgeber über P. Methode, angewandt auf wissenschaftliche Bildung. Geschrieben nach einer Reise durch die Schweiz von Herrn Karl Ritter. Daselbst 1808 I, 193—213.

164. Zeller, C. A., Die Grundlage einer bessern Zukunft. In Briefen an die Fürstin von Lippe-Detmold. Zürich 1808. (H.)

165. Vorläufige Blätter von den Verhandlungen der schweizerischen Gesellschaft für Erziehung. 1808. 68 S. (H.)

166. Leitfaden zum Gebrauche der Pestalozzischen Einheitstafel und zur Anwendung des dadurch erlernten Kopfrechnens auf Handel und Wandel, für Landschullehrer. Zürich 1808. Heft 1. (Natorp, Schul bibliothek.)

1809.

Exposé de la Méthode élémentaire de H. Pestalozzi par Chavannes. Nouvelle Edition Paris 1809. (Nr. 127.)

167. Ein Blick auf einige neuere Verbesserungsversuche des Unterrichts von Hottinger. Zürich 1809. Geßner. 36 S. (H.)

168. Die Pestalozzische Gesangbildungslehre nach Pfeiffers Erfindung kunstwissenschaftlich dargestellt im Namen Pestalozzis, Pfeiffers und ihrer Freunde von Hans Georg Nägeli. Zürich, bey H. G. Nägeli v. J. (1809). Anzeige von Horstig in Gutsmuths Neuer Bibliothek 1809 II, S. 310 19. Vergl. Mehr, Pädag. Blätter II, 28 57. Gotha 1878.

169. Anleitung zu den Übungen auf der Pestalozzischen Einheitstabelle. Von M. Joh. Fr. Reuchlin, Diak. zu Markgröningen. Stuttgart 1809. Steinkopf. 266 S. (Leipzig, C. St.) Anzeige in Gutsmuths Neuer Bibl. f. Pädag. 1811, I, 311.

170. Beschreibung der v. Rochowschen Lehrart in Volksschulen, nebst Vergleichung derselben mit der Pestalozzischen und mit andern Lehrarten. Von C. F. Riemann, reform. Predig. zu Neu Cüstrinchen. Vierte, gänzlich umgearbeitete, Ausgabe. Berlin und Stettin, Nicolai. 1809. XVIII und 308 S. (Leipzig, C. St.) Vergl. Nr. 116.

171. Die Elemente der Form und Größe (gewöhnlich Geometrie genannt) nach Pestalozzis Grundsätzen bearbeitet von Joseph Schmid, einem seiner Zöglinge am Institut zu Jferten. 3 Theile mit Figurentafeln. Bern 1809—11, zu haben im Institut zu Jferten. Gewidmet Vater Pestalozzi. I.: XXXII und 376 S. 8 Tafeln. II.: 125 S. 4 Tafeln. III.: VIII und 230 S. 4 Tafeln. Anzeige in Gutsmuths Neuer Bibl. f. Päd. 1810 III, 321 31.

172. Die Elemente des Zeichnens nach Pestalozzischen Grundsätzen bearbeitet von Joseph Schmid, einem Zögling und Lehrer am Pest. Institut zu Jferten. Bern 1809. Haller. XXIV und 100 S. und XXVIII Tafeln Abbildungen. Anzeige in Gutsmuths Neuer Bibl. f. Päd. 1810 I, 327 38.

173. Zschokke, H., Physiologische Umrisse einiger ausgezeichneter Schweizer. „Miscellen". 1809. S. 333. (H.)

174. Der Amerikaner zu Yverdon. (Mit einigen Bemerkungen eines Europäers.) Neue Bibliothek f. Pädagogik von Gutsmuths 1809, III, 193 211.

175. Pestalozzische Einheitstabellen, große, auf Fol. Bogen und kleine auf ¼ Bogen, ebenso Bruchtabellen. Steinkopfische Buchhandlung in Stuttgart.

1810.

176. A. H. d'Autel. Prüfung des Werthes der Pestalozzischen Methode, besonders in Hinsicht ihrer Erziehungs- und Unterrichtsprincipien. Stuttgart 1810. Metzler. 210 S. (Berlin, Sch. W., Leipzig, C. St.)

Neubearbeitung der Ewaldschen Vorlesungen: Geist der P. Bildungsmethode. (Nr. 128.)

177. (Göhrung.) Kurze und faßliche Darstellung der Pestalozzischen Methode zur Prüfung derselben und zum Verständnisse der dazu erschienenen Elementarbücher für Eltern, Lehrer und alle Freunde der Jugend. Stuttgart 1810. Steinkopf. VI und 211 S.

2. Bändchen. Über die Einführbarkeit der P. Methode in Volksschulen. Ein Anhang zu der kurzen und faßlichen Darstellung derselben. Stuttgart 1810. Steinkopf. VIII und 122 S.

178. Über das Wesentliche der von Pestalozzi aufgestellten Menschenbildungsweise und die Einführung des Elementarunterrichts derselben in die Schule zu Dottenheim. Von M. Friedrich Wilhelm Hagen, Pfarrer zu Dottenheim im Baireuthischen. Erlangen 1810. Palm. L u. 220 S. Den Eingang bildet ein 50 S. umfassendes Sendschreiben an Jean Paul Friedrich Richter; am Schlusse (208—220) werden verschiedene Urteile über Pestalozzi und seine Anstalt mitgeteilt, u. a. von Schwarz und Torlitz.

179. Erörterung der neueren Lage der Pestalozzischen Methode überhaupt, und des in derselben sich entwickelnden Plans einer absoluten Elementarbildung insbesondere. Nebst einigen Abhandlungen über verwandte Gegenstände. Von J. F. W. Himly. Aus dessen Pädag. Mittheilungen, 1. Stück (Berlin 1809 bei Hitzig) besonders abgedruckt. Berlin 1810. Hitzig. VIII und 180 S. Anzeige in Gutsmuths Neuer Bibl. für Päd. 1809 III, 111—16.

180. Die Pestalozzische Zahlenlehre und die Schmid'schen Elemente der Zahl nach ihrem arithmetischen und formalen Werthe dargestellt und miteinander verglichen. Nebst einem Plan zu einer Arithmetik für Volksschulen und eine Beurtheilung der Schmid'schen Elemente der Form und Größe und der Algebra. Von M. C. D. F. Hoffmann. Stuttgart 1810. Steinkopf. IX und 325 S. Anzeige in Gutsmuths Neuer päd. Bibl. 1812, I, 151.

181. S. Hopf. Bemerkungen über Erziehungs-Unterricht. Gewidmet den Gönnern und Beförderern der hies. Anst. nach Pest. Grundsätzen. 1. Prüfung. Basel 1810. 41 S. Bei Gelegenheit der 2. Prüfung. Basel 1811. 11 S. (S.)

182. Über Pestalozzis Lehrwirksamkeit von Consistorialrath Horstig. Neue Bibl. für Pädagogik von Gutsmuths, 1810, I, 159—164.

183. Ein Wort an Herrn Professor Joh. Schultheß über dessen genauere Einsicht ꝛc. von Joh. Jac. Hottinger. Zürich 1810. Geßner. 83 S. (Berlin, Sch. M.) Vergl. Nr. 194.

184. Bericht über die Entstehung und den gegenwärtigen Zustand der von Pestalozzi zu Yverdun in der Schweiz und von Zeller zu Königsberg in Preußen errichteten Erziehungsinstitute; vorgelesen in der Schlesischen Gesellschaft für vaterländische Cultur den 27. July 1810, von Hrn. Prof. Kahlert. Correspondenzblatt der Schlesischen Gesellschaft für vaterländische Cultur. Jahrgang 1810. S. 69 – 91. (Leipzig, Univ.-Bibl.)

185. G. W. Keßler. Briefe auf einer Reise durch Süddeutschland, die Schweiz und Oberitalien im Sommer 1808. Leipzig 1810. (S.)

186. Pestalozzi. Hauptmomente seiner Methode nach ihren Folgen auf den menschlichen Geist. Von Lehmann, Professor. Königsberg 1810. Unger. 72 S.

187. Über Pestalozzis Grundsätze und Methoden. Von D. August Hermann Niemeyer. Aus des Verfassers neuesten Ausgabe der Grundsätze der Erziehung und des Unterrichts. Halle und Berlin 1810. Waisenhaus. XII und 100 S.

188. Schmalstig und Wagner, Vollständige Anweisung zur Erlernung der Pestalozzischen Rechenmethode und deren Anwendung auf Münz, Maaß und Gewichtskunde. Heilbronn 1810. (Verz. bei Völter Nr. 197; S. 521.)

189. Die Anwendung der Zahl auf Raum, Zeit, Werth und Ziffer, nach Pestalozzischen Grundsätzen bearbeitet von Joseph Schmid, einem seiner Zöglinge und jetzt Lehrer am Institute in Iferten. Heidelberg 1810. Mohr und Zimmer. 16 und 316 S. Anzeige in Gutsmuths Neuer Bibl. f. Päd. 1812, I, 153.

190. Die Elemente der Zahl als Fundament der Algebra nach Pestalozzischen Grundsätzen bearbeitet von Joseph Schmid, einem seiner Zöglinge und jetzt Lehrer am Institut zu Iferten. Mit 7 Bogen Tabellen in Holz. Heidelberg 1810. Mohr und Zimmer. VIII und 155 S. Anzeige in Gutsmuths Neuer Bibl. f. Päd. 1812 I, 78 – 83, zugleich mit der folgenden Schrift.

191. Die Elemente der Algebra nach Pestalozzischen Grundsätzen. Von Joseph Schmidt (sic!) Zögling und Lehrer am Institut zu Iferten. Heidelberg 1810. Mohr und Zimmer. XXVIII und 212 S.

192. Erfahrungen und Ansichten über Erziehung, Institute und Schulen von Joseph Schmid, ehemals Zögling und nachmals Lehrer am

Pestalozzischen Institute zu Iferten. (1810). In Kommission bei Mohr und Zimmer in Heidelberg. 145 S. Ausführliche Anzeige in Gutsmuths Neuer Bibl. f. Päd. 1811 I, 213—230, II, 129—152. Vergl. Nr. 210 und 212.

193. Joseph Schmid und sein Buch: Erfahrungen und Ansichten; von F. C. B—b mit Zusatz von Gutsmuths und Himlys Urtheil. Neue Bibliothek für Pädagogik von Gutsmuths 1810 III, 303—20.

194. Schultheß, J. Genauere Einsicht der neuesten Versuche einer bessern Erziehung und Bildung der Jugend. Zürich 1810. Im 4. Bande von Schultheß, Beiträge zur Kenntniß und Förderung des Kirchen- und Schulwesens in der Schweiz. S. 65 ff. (H.) Vergl. Nr. 183.

195. (F. Gli. Süßkind.) Über die Pestalozzische Methode und ihre Einführung in die Volksschulen. Stuttgart 1810. Steinkopf. 78 S.

196. Tillich, E. Pestalozzis Rechenmethode und Schmids Elemente der Zahl. Stuttgart 1810. (H.)

197. Praktische Einleitung in die sämmtlichen Amtsverrichtungen und Verhältnisse eines deutschen Elementar-Schullehrers mit Hinsicht auf die Zwecke der Pestalozzischen Lehrart. Aus 31jähr. Bemerkungen und Erfahrungen gesammelt und dargestellt von Philipp Jacob Völter, Schull. zu Heidenheim. Heilbronn 1810. Claß. VI und 391 S. Enthält in zahlr. §§ Darstellung der Pestalozzischen Methode. 2. stark vermehrte und verb. Aufl. 1819. IV und 524 S. Enthält einen besonderen Anhang: Über die Pestalozzische Methode § 257—271.

198. Voß, Über die Pestalozzische Elementarbildungsmethode und ihre Einführung in Volksschulen. Siegen 1810. Müller. (Paris, Sch. M.) Anzeige in Gutsmuths Neuer päd. Bibl. 1810 II, 283—84.

199. (Werkmeister.) Über das Eigenthümliche der pestalozzischen Methode. Den in Heilbronn anwesenden Geistlichen protestantischer und katholischer Confeßion gewidmet. Mihi res, non me rebus subjungere conor. Hor. Tübingen 1810. Heerbrandt. X und 138 S. 2. Auflage 1818.

200. Über Basedow, Rochow und Pestalozzi. Morgenblatt Nr. 10 und 11 vom Jahre 1810. Beurteilt von Horstig in Gutsmuths Neuer päd. Bibl. 1810 I, 195. Vergl. Nr. 182.

201. Aufgaben in benannten Zahlen über die Pestalozzischen Einheitstabellen. 1810. Anzeige in Gutsmuths Neuer päd. Bibl. 1811, I, 311—12.

202. Bericht über die Pestalozzische Erziehungs-Anstalt zu Yverdon, an Seine Excellenz den Herrn Landammann und die Hohe Tagsatzung der Schweizerischen Eydgenossenschaft. Gedruckt auf Befehl der Tagsatzung. Bern 1810. Halber. IV und 218 S.

203. Rapport sur l'institut de M.ʳ Pestalozzi à Yverdon, présenté à S. E. M.ʳ le Landammann et à la haute Diète des dixneuf cantons de la Suisse. Imprimé par ordre de la Diète. A. Fribourg en Suisse. 1810. Piller. XVI und 200 p.

Eine Anzeige dieses Berichtes von K. L. Haller in Nr. 59 der Göttinger gelehrten Anzeigen vom 13. April 1811 (vergl. Pestalozziblätter 1892, S. 9 ff.) schloß mit einer Verdächtigung des Charakters und der Absichten Pestalozzis, als fördere er revolutionäre und destruktive Bestrebungen. Sie erregte einen Sturm der Entrüstung und etliche Gegenschriften. Vergl. Nr. 206, 209, 231, 233.

1811.

204. Darstellung meiner Anwendung der Pestalozzischen Bildungsmethode. Von J. Th. Abs. Halberstadt 1811, Büreau für Lit. und Kunst. 114 S. (H.)

205. (Feierabend.) Kritik aller Untersuchung der Pestalozzischen Methode. Frankfurt und Leipzig 1811. 2 Bändchen. (Paris, Sch. M.)

S. Hopf. Bemerkungen über Erziehungsunterricht. Gewidmet den Gönnern und Beförderern der hiesigen Anstalt nach Pestalozzischen Grundsätzen. Bei Gelegenheit der zweiten Prüfung. Basel 1811. (H.) Vergl. Nr. 181.

206. Bemerkungen über die Pestalozzi in den gelehrten Göttingischen Anzeigen gemachten Beschuldigungen und Anklagen. Von E. Mieg zu Frankfurt a. M. Neue Bibliothek für Pädagogik von Gutsmuths 1811 III, 3—65. Wieder abgedruckt in „Pestalozzis Erziehungsunternehmung im Verhältniß zur Zeitkultur", II, 18—70. (Nr. 209.)

207. Über das häufige Mißverstehen des Zeichnens nach Pest. Grundsätzen. Von Dr. Mehring, Prediger zu Berlin. Mit einem Zusatz von Gutsmuths. Neue Bibliothek f. Pädagogik von Gutsmuths 1811 I, 3—28.

208. K. H. Neumann. Über die jetzt eingeleitete Verbesserung des Elementarschulwesens in der Preußischen Monarchie. Potsdam 1811. 61 S. (H.)

209. (Niederer). Pestalozzis Erziehungsunternehmung im Verhältniß zur Zeitkultur. Ein historischkritischer Beitrag zur Kenntniß und Berichtigung der öffentlichen Beurtheilung dieses Gegenstandes. In zwei Abtheilungen. Erste Abtheilung. Enthaltend die Beleuchtung des Berichts der Untersuchungskommission der schweizerischen Tagsatzung, veranlaßt durch die Rezension derselben in den göttingischen gelehrten Anzeigen. Iferten und in Kommission bei J. G. Cotta in Tübingen 1811. Zweite Ausgabe 1812. XII und 154 S. Zweite Abtheilung. Iferten 1813 im Pest. Inst. XXVI und 466 S. Vergl. Nr. 203, 231 u. 233.

210. Sigrist, H. Briefe an Schmid über seine Erfahrungen und Ansichten. Luzern 1811. 125 S. (H.) Vergl. Nr. 192.

211. Die sinnlichen Wahrnehmungen als Grundlage des Unterrichts in der Muttersprache. Ein Handbuch für Mütter und Lehrer von W. C. C. von Türk.* Mit 2 Kupfertafeln. Winterthur 1811. Steiner. XXIV und 192 S. Ich beschränkte mich darauf, in der Anstalt (zu Jferten) nach Pestalozzis Wunsch Unterricht in der Naturgeschichte und in der deutschen Sprache, letzteren in der Elementarklasse, zu geben. Aus letzterem ist mein Werk: „Die sinnlichen Wahrnehmungen" hervorgegangen. Von Türk, Erfahrungen und Ansichten über Erziehung und Unterricht. Berlin 1838. S. 259. (Nr. 307.)

212. Auch Erfahrungen und Ansichten über Erziehung, Institute und Schulen. Oder: Freymüthige, aber unpartheyische Beurtheilung der von Joseph Schmid verfaßten Schrift: „Erfahrungen und Ansichten über E., J. und Sch." Teutschland 1811. 110 S. (H.) Anzeige in Gutsmuths Neuer Bibl. f. Päd. 1812 III, 99- 101.

213. Lieder, gesammelt zum Gebrauche und nach dem Bedürfnisse der Anstalt zu Jferten. Jferten 1811. 115 S. (H.)

    * Als Ergänzung ist anzusehen: Die Erscheinungen in der Natur. Ein Buch für Aeltern, Erzieher und Lehrer insbesondre zum Gebrauche in Volksschulen von Wilh. von Türk. Essen und Duisburg 1818. Bädeker. XVI und 323 S.

1812.

214. Verhandlungen der Schweizerischen Gesellschaft für Erziehung 1812. 2 Bände. (H.)

215. Bremi, über die Schrift: P. Unternehmung im Verhältniß zur Zeitkultur, früher genannt Das Pestalozzische Institut an das Publikum. Erste Abtheilung, enthaltend die Beleuchtung der Beschuldigungen des H. J. Niederers gegen den Verfasser. Zürich 1812. Bürkli. 56 S. (Berlin, königl. Bibl., Paris, Sch. M.) Eine weitere Abth. ist nicht erschienen.

216. Versuch einer Metakritik der Weltverbesserung oder ein Wort über Pestalozzi und Pestalozzismus. Von M. Wilhelm Ludwig Christmann, Diaconus in Göppingen. Reutlingen 1812. Mäcken. 114 S. Ein zweiter Titel giebt an: Ulm und Leipzig, in der Stettinschen Buchhandlung. 1812.

217. K. A. Dreist, Eleve des preußischen Staats in Yverdon. Einige Mittheilungen aus Yverdon. Neue Bibl. für Pädag. von Gutsmuths 1812 I, 97 140, 193 230, 289 352.

218. Gottesverehrungen, gehalten im Betsaale des Pestalozzischen Instituts zu Jferten von K. A. Dreist, Cand. d. Theol. Erstes Heft. Nebst einem Anhange über P. Ansichten von der Religion. Pestalozzi in Liebe gewidmet. Zürich 1812. Orell, Füßli und Comp. VIII, 186 S. Anzeige in Gutsmuths Neuer Bibl. f. Päd. 1812 III, 66 71.

219. Deutsche Volksschulen mit besonderer Rücksicht auf die Pestalozzischen Grundsätze von Christian Wilhelm Harnisch, Dottor der Philosophie. O unsrer Schande Quell - Erziehung deutscher Jugend! Wer pflanzt in ihre Brust Empfindungen der Jugend und Liebe für das Vaterland? Uz. Berlin 1812. Realschulbuch. X, 181 S.

220. Henning, J. W. M., Leitfaden beim methodischen Unterricht in der Geographie. Iserten 1812. 567 S. (H.)

221. Aus einem Schreiben des Herrn Kriegsrath Hinly an den Herausgeber, betreffend die Pestalozzische Theorie. Neue Bibl. für Pädagogik von Gutsmuths 1812 I, 13 18.

222. Esprit de la méthode d'éducation de Pestalozzi. Suivie et pratiquée dans l'institut d'éducation d'Yverdun, en Suisse. Par M. Marc Antoine Jullien. Chevalier de la légion d'honneur . . . A Milan 1812. 2 tom. I.: XX u. 368 S. II.: 510 S.

Die zweite Ausgabe hat den Titel: Exposé de la Méthode d'Éducation de Pestalozzi telle qu'elle a été suivie et pratiquée sous sa direction pendant dix années (de 1806 à 1816) dans l'institut d'Yverdun, en Suisse par Marc-Antoine Jullien, de Paris. Chevalier de la légion d'honneur etc. Seconde Édition, ornée d'un Portrait de Pestalozzi. A Paris chez Hachette. 1842. XL u. 568 S.

Eine Abhandlung dieser Schrift erschien gesondert unter dem Titel:

223. Jullien de Paris, Précis sur l'Institut d'Éducation d'Yverdun, imprimé séparément Milan 1812. (Paris, Sch. M.)

224. Plamann, Beiträge zur Vertheidigung der Pestalozzischen Methode. Leipzig, Rein. 1. Heft 1812, 2. Heft 1815. (Paris, Sch. M.) Anzeige in Gutsmuths Neuer Bibl. f. Päd. 1814/15 I, 314. 1816 II, 86.

225. Historische Nachricht von einer unter den Schullehrern des Niederoderbruchs errichteten Konferenzgesellschaft und von den darin im ersten Lehrkurs vom 1. September bis 16. November nach vereinigten Rochow'schen und Pestalozzi'schen Grundsätzen angestellten Verhandlungen, nebst dazu gehörigem Anfange eines Schullehrerkatechismus über die Hauptgegenstände der Elementarschulkunde und Schulpraxis und einer angehängten Schulgesetztafel von C. F. Riemann, reformirtem Prediger in Neu-Cüstrinchen. Berlin und Stettin, Nicolai. 1812. XXII und 285 S. (Berlin, Sch. M.)

226. Gedanken über Mathematik und über Anwendung der mathematischen Erkenntnisse auf bürgerlichen Erwerb besonders zur Verminderung der armen Kinder von Joseph Schmid, gewesenem Lehrer am P. Inst., jetzt Vorst. der Schule zu Bregenz. Bregenz 1812, Joseph Brentano, und Heidelberg, Mohr und Zimmer. 59 S. (Berlin, Sch. M.)

1813.

227. Mme Guizot, No. 24—27 du Journal adressé par une femme à son mari sur l'éducation de ses deux filles, dans les Annales de l'éducation, t. V. Paris, 1813. (Paris, Sch. M.)

228. Hottinger, Rektoratsreden 1813. 222 S. (H.)

229. Über Pestalozzis Grund=Idee der Erziehung und über dessen Methode. Von J. F. Ladomus, Prof. an der Ingenieurschule zu Carlsruhe. Heidelberg 1813. Mohr und Zimmer. 52 S.

230. Nägeli, Erklärung an Hottinger als Ankläger der Freunde Pestalozzis. Zürich 1813. (H.)

231. Schließliche Rechtfertigung des Pestalozzischen Instituts gegen seine Verläumder durch Beantwortung der Fragen und Beleuchtung der Schmähschrift des Herrn J. H. Bremi, Chorherrn von Zürich. Von Johannes Niederer. Nebst P. Erklärung aus dem 2. Bande der Schrift „P. Erziehungsunternehmung zc." besonders abgedruckt. Jferten 1813. 16 und 198 S. Vergl. Nr. 37 und 209.

232. Practische Anleitung zum Rechnen nach Pestalozzis Lehrart. Für Schullehrer, Seminaristen und alle, die diese Methode näher kennen lernen wollen, mit einer vollständigen Beispielsammlung. Von M. C. G. Rebs. Zeitz 1813. Neue, sehr vermehrte und verbesserte Auflage. Mit einem Kupfer (P. Einheits= und Doppelbruchtabelle). Zeitz 1816. Webel. X und 185 S. Anzeige in Gutsmuths Neuer Bibl. f. Päd. 1814. 15 I, 265.

233. Mittheilungen und Erörterungen über das Wichtigste aus der Schrift: Pestalozzis Erziehungsunternehmung im Verhältnisse zur Zeit kultur. In Gutsmuths Neuer Bibl. f. Päd. 1813 I, Märzst. S. 3 ff., Aprilst. S. 17 ff. Vergl. Nr. 209.

234. Spuren der Pestalozzischen Methode in Indien und zwar im 17. Jahrhundert. Daselbst II, 303 ff.

1814.

235. M. Jos. Müller, Erweiterte Ansicht der Pestalozzischen Elementarerziehungskunde 1814. (Leipzig, C. St.)

236. G. M. Raymond, Lettre sur l'établissement d'éducation d'Yverdon, fondé et dirigé par M. Pestalozzi. 1814. (Paris, Sch. M.)

237. Mme de Staël. de l'Allemagne. 1814. Kap. 19 bezieht sich auf Pestalozzi.

1815.

238. Pestalozzis Anstrengungen für Menschenbildung geschichtlich dargestellt. Eine Vorlesung bei seiner Geburtsfeier den 12. Januar 1815 gehalten von Joseph Theodosius Abs, Vorsteher einer öffentl. Erz.- und Unterrichtsanstalt ꝛc. Halberstadt 1815, im Verlage meiner Anstalt. VI und 45 S.

239. Amoros, Mémoire, lu à la Société pour l'instruction élémentaire, sur les avantages de la méthode d'éducation de Pestalozzi et sur l'expérience décisive faite en Espagne en faveur de cette méthode. Paris 1815. (H.)

240. Cuvier, F., Plan d'organisation pour les écoles primaires. Paris 1815. (H.)

241. Hugger und Stehle, Verhältnisse der Zahl nach der Idee der Pestalozzischen Methode. Erster Theil, welcher das Kopfrechnen enthält. Gmünd 1815. (H.)

242. (Synge.) A biographical sketch of the struggles of Pestalozzi to establish his system; compiled and translated chiefly from his own works, by an Irish traveller. Dublin 1815. (Guillaume.)

243. (Synge.) A sketch of the system of intuitive calculation of Pestalozzi. Dublin 1815. (Guillaume.)

1816.

244. Henning, Mittheilungen über P. Eigenthümlichkeit, Leben und Erziehungsanstalten. In Harnisch, Schulrath an der Oder, Jahrg. 1816 und 1817. Enthält auch ausführliche Auszüge aus P. Schriften. Das biogr. Material ist wieder abgedruckt in den Pestalozziblättern VI, 62 –75. Zürich 1885. Eine Ergänzung dazu bilden die Züge aus Pestalozzis Leben, gesammelt seit dem 1. Mai aus eigner Erfahrung von W. M. Henning. Pestalozziblätter XII, 52 –62. Zürich 1891.

245. Rede beym häuslichen Gottesdienst, gehalten in der Pestalozzischen Erziehungsanstalt von Hermann Krüsi, Jferten, 6. Januar 1816. 16 S. (Berlin, Sch. M.)

246. Erörterung Pestalozzischer Grundsätze, besonders desjenigen der Entwickelung. Von Karl Ruckstuhl. In Gutsmuths' Neuer Bibl. für Pädag. 1816 I, 193 – 211.

1817.

247. (Synge.) On the description of forms and their relations, after the principles of Pestalozzi. Dublin 1817. (Guillaume.)

248. Timaleths Pflicht-Befolgung, das Seinige beizutragen, dass vier Schriften von Pestalozzi über das „Eins ist Noth für die Menschheit" von den Behörden gehörig durchgedacht und beherziget werden! Germanien, im zweiten Jahre des Heiligen Bundes 1817. 64 S. Gemeint sind: Leonhard (sic) und Gertrud. Die „Nachforschungen über den Gang der Natur". Die Figuren zu meinem ABC-Buche und „An die Unschuld".

249. (Zarnack.) Der Schulinspector Heister, oder die Elementar-methode in Süderhausen. Ein pädagogischer Roman. Berlin 1817. Maurer. XX und 243 S. Anzeige in Gutsmuths' Neuer Bibl. f. Pädag. 1819 (51. Band), 49—50.

250. Bemerkungen und Nachrichten eines Reisenden über das Pestalozzische und Fellenbergische Institut, nebst anderen Reisebemerkungen, in einem Briefe an seine Freunde. Gutsmuths' Neue Bibl. f. Päd. 1817 I, 222—255. Schildert die üblen Zustände in Iferten unter Lange und Schmid.

1818.

251. Fellenberg. Einige Worte über Pestalozzi. Aarau 1818. Sauerländer. (Guillaume.)

252. Hugger, Roman. Theoretisch-praktische Sprachlehre für Elementarschulen nach dem Geiste der P. Methode. Ulm 1818. (H.)

253. Der Kunstgeist im Kampfe mit dem Zeitgeiste, oder Pestalozzi und seine Widersacher. Dargestellt von Theod. Friedr. Kniewel. Dem deutschen Vaterlande geweiht. Berlin 1818. Mylius. VIII und 239 S.

254. Krüsi. A coup-d'œil on the general means of education, followed by a notice of a new institution for young boys. Yverdon 1818. (Paris, Sch. M.)

255. Rede, gehalten am vierundsiebzigsten Geburtstage Pestalozzis von Joseph Schmid. Zürich 1818. Orell, Füßli und Co. 29 S.

256. Pestalozzis neue Methode die alten Sprachen · zu · lehren, von einem seiner Mitarbeiter in ihren Grundzügen dargestellt. . . *αἱ δὲ αχιαὶ αἴσσουσι.* Plat. Men. Carlsruhe und Baden 1818. Marx. 44 S. H. Pestalozzi, dem freien, treuen Kämpfer um Recht und Licht zu seinem 73. Geburtstage in freudiger Rückerinnerung mit ihm verlebter Tage geweiht von Dr. M. (**Werkmeister.**) Über das Eigenthümliche der P. M. 2. Aufl. (Nr. 199.)

1819.

257. Cours élémentaire et pratique de dessin d'après les principes de Pestalozzi suivi à Yverdon sous la direction de Mr. J. Ramsauer et publié avec de nombreuses modifications par A. Boniface. Paris 1819. (Vergl. Nr. 262.)

Praktische Einleitung von Völter. 2. Auflage 1819. (Nr. 197.)

1820.

258. Auf welchem Grund Erziehungsunternehmungen ruhen müssen, wenn sie zum Heil der Menschheit gedeihen sollen. Rede von Hermann Krüsi, gehalten in der Pestalozzischen Erziehungsanstalt den 6. Januar 1816. In Gutsmuths Neuer Bibl. f. Päd. 1820 (52. Band) S. 122 -132.

259. Resultate meiner Versuche mit der Pestalozzischen Methode. Von Peter J. Peters. In Gutsmuths Neuer Bibl. für Päd. 1820 (52. Band), 218—229.

260. Rede, gehalten am sechsundsiebenzigsten Geburtstage Pestalozzis den 12. Jenner 1820. Von Joseph Schmid. Zürich (o. J.), gedruckt bey Orell, Füßli und Comp. und wird im Pestalozzischen Institut zum Vortheil seiner Armenanstalt verkauft. 43 S.

1821.

261. Müller, W. Ch. Flug von der Nordsee zum Montblank. Altona 1821. I, 275 ff. (H.)

262. Zeichnungslehre von Joh. Ramsauer. Erster Theil. Mit 18 Platten Steindrücke. Stuttgart und Tübingen 1821. Cotta. XVIII und 121 S. In der Vorrede beklagt sich Ramsauer, daß die Zeitschrift „Erziehungsrath an der Oder" im Jahrgang 1815 ohne seine Zustimmung und ohne sein Wissen einen großen Teil des Werkes veröffentlicht habe; ebenso sei der ganze erste Teil, wie er ihn vor 6 Jahren ausgearbeitet gehabt, von einem seiner Schüler herausgegeben worden unter dem Titel: Cours élémentaire et pratique de dessin d'après les principes de Pestalozzi suivi à Yverdon sous la direction de Mr. J. Ramsauer et publié avec de nombreuses modifications (?) par A. Boniface. Paris 1819. (Nr. 257.)

1*

1822.

263. Wie Herr Joseph Schmid die Pestalozzische Anstalt leitet. Ein Seitenstück zu dem Buche: Wie Gertrud ihre Kinder lehrt. Von Jer. Meyer, gewesenem Lehrer an der P. Anstalt in Jferten. Stuttgart 1822. Metzler. 221 S. (Leipzig, C. St., Paris, Sch. M.) Vergl. Nr. 268.

264. Wahrheit und Irrthum in Pestalozzis Lebensschicksalen, durch Thatsachen dargelegt von Joseph Schmid. Jferten im Julius 1822. VII und 139 S. Betrifft den Proceß zwischen Pestalozzi und Niederer. Der „Nachtrag" (S. 121–130) wendet sich gegen die Meyersche Schrift Nr. 263. Auf den Proceß bezügliche „Einrückungen" Niederers und Schmids finden sich in der Beilage zur Allgemeinen Zeitung 1821 Nr. 125, 172 und 183, sowie 1822 Nr. 18, 21, 27, 33 und 79.

265. P. Einheitstabelle. 2 Blatt Folio. Basel 1822. Neukirch. Dieselbe auch 1832. (Heinsius, Bücher Lex.)

1823.

266. Notice sur l'école du premier degré, fondée et dirigée par A. Boniface, disciple de Pestalozzi. Paris 1823. (H.)

267. Beiträge zur Kulturgeschichte Neapels. In Erzählungen der Schicksale der Erziehungs= und Bildungsanstalt des Georg Franz Hofmann. (Motto: Eine gute Schule und eine gute Uhr sind die besten Beweise einer gut polizirten Stadt. Kaiser Karl V.) Aarau 1823. Sauerländer. 319 S. (Berlin, Sch. M.)

268. J. Meyer. Aux amis de Pestalozzi. Réponse aux injures et fausses allégations publiées par le sieur Joseph Schmid. chargé de la direction de l'Institut Pestalozzi, dans le supplément à une brochure intitulée: Vérité et Erreur etc. Paris, juin 1823. David. (Paris, Sch. M., Zürich, Stadtbibl.) Vergl. Nr. 264.

1824.

269. Darstellung der Grundsätze der Niedererschen und Krüsi schen Anstalten in Jferten. Zürich gedruckt bei Geßner 1824. 46 S. (Berlin, Sch. M.)

270. P. Bruchtabellen. Folio. Stuttgart 1824. Steinkopf. (Heinsius, Bücher=Lex.)

1826.

271. Über die Grundsätze, Zwecke und Mittel meiner Erziehungs-anstalt. Von K. J. Blochmann. Einladungsschrift zum Weiheactus. Dresden 1826. 90 S. S. 11, 12, 33–36 haben unmittelbare Beziehung auf P.

272. Verhandlungen der helvetischen Gesellschaft in Langenthal im Jahre 1826. Zürich, Schultheß. (Paris, Sch. M.) Vergl. Nr. 15.

1827.

273. Beitrag zur Biographie Heinrich Pestalozzi's und zur Beleuchtung seiner neuesten Schrift: „Meine Lebensschicksale u. s. j." nach dessen eignen Briefen und Schriften bearbeitet, und mit anderweitigen Urkunden belegt, von Eduard Biber. Discite justitiam moniti. St. Gallen 1827. Wegelin und Räber. XIV und 342 S.

274. Ch. Monnard. Notice sur Pestalozzi, inserée dans la Revue encyclopédique, t. XXXVI. p. 295—305. Paris 1827. (H.)

275. R. Schinz, Brief an einen Freund über Pestalozzi, 12. April 1783. Verhandl. der helv. Gesellschaft zu Schinznach im Jahre 1827, S. 23–31.
Neudruck: Pestalozziblätter II, 42–47. Zürich 1881.

276. Joseph Schmid. Fellenbergs Klage gegen Pestalozzi, gewürdigt und beleuchtet durch von diesem hinterlassene Schriften. Karlsruhe 1827. Macklot. IX und 77 S. (Paris, Sch. M.)

277. Du Thon (Mme Adèle). Notice sur Pestalozzi. Genève 1827. Cherbuliez. (Paris, Sch. M.)

278. Vock, Al. Zum Andenken Pestalozzis. In den Verhandlungen der helvetischen Gesellschaft in Schinznach im Jahre 1827. Zürich 1827. Schultheß. S. 20—41. (Paris, Sch. M.)

279. Das verbesserte ABC Pestalozzis und Stephanis, vereinigt und erweitert. Hamburg 1827. Herold. (Heinsius, Bücher-Lex.)

1828.

280. Auch ein Wort über Pestalozzi. Von G. Hartung. In Nossels Allgemeiner Monatsschrift, 10. Band, Aachen 1828, 132–148· 250—261. 359—374.

281. Blicke in das Wesen der weiblichen Erziehung. Für gebildete Mütter und Töchter von Rosette Niederer, geb. Kasthofer, Vorsteherin einer Erziehungsanstalt zu Yverdun. Berlin 1828. Rücker. X und 196 S.

282. Niederer. Pestalozzische Blätter für Menschen- und Volksbildung, oder Beiträge zur Kenntniß Pestalozzis als Menschenbildners und zur Beförderung seiner Entwickelungs- und Unterrichtsweise. Sonderabdruck der Aufsätze von Niederer, Krüsi, Tobler und Nägeli und der Schriften aus P. Nachlasse, die in der „Allg. Monatsschrift für Erziehung und Unterricht" von J. P. Nossel veröffentlicht wurden. (Paris, Sch. M.

Berlin, Sch. M.) Die Schilderung Pestalozzis von Niederer ist abgedruckt in den Pestalozziblättern I, 2—24, 33—36, 49—64. Zürich 1880. Vergl. Nr. 49.

283. Mütterschulen, das Erste was für praktische Menschenbildung jetzt Noth ist. Auch ein Vorschlag zu einem Denkmal Pestalozzis, von J. G. Tobler, dessen ehem. Gehülfen, gegenw. Vorsteher einer Privat erziehungsanstalt in St. Gallen. Rossels A. M. 10. Band, 399 ff.

1829.

284. Der jetzige Standpunkt der Pestalozzischen Schule, und das Treiben der After-Pestalozzianer unserer Zeit. Von A. Diesterweg. Rheinische Blätter IV (1829), 455—484. (Berlin, Sch. M.)

285. Herzog, K. Joh. Heinr. Pestalozzi. Neuer Nekrolog der Deutschen. 5. Jahrg. 1827. Ilmenau 1829, S. 187—212. (H.)

286. Hugger, Roman. Die Elementarschule nach dem Geiste der Pestalozzischen Methode. Ulm 1829. 224 S. (H.)

287. Der pädagogische Geistessumpf unserer Zeit und das Quaken darin gegen die Pestalozzische Schule. Erstes Beispiel. Herr Dr. Diesterweg in Mörs (siehe Rheinische Blätter 3. Bandes 3. Heft 1828). Von Niederer. Rossels Allgemeine Monatsschrift 11. Band, Aachen 1829, S. 174—187. 408.

288. Dr. Orpen. Pestalozzis System. Dublin 1829. (Berlin, Sch. M.)

1830.

289. J. G. Fichtes Leben und literarischer Briefwechsel. Von seinem Sohne J. H. Fichte. Sulzbach 1830. 2. sehr vermehrte und verbesserte Auflage Leipzig 1862. Brockhaus. 2 Bände. Beziehung auf Pestalozzi: I, 158. 159. II, 561—568.

290. Hans G. Nägeli. Pädagogische Rede .. enthaltend eine Charakteristik Pestalozzis und des Pestalozzianismus der Erziehungslehre der Frau Niederer-Kasthofer. Zürich 1830. Orell, Füßli und Comp. 48 S. (Berlin, königl. Bibl., Sch. M.) Vergl. Nr. 281.

1831.

291. Henry Pestalozzi, and his plan of Education, being an account of his life and writings with copious extracts of his works, and extensive details illustrative of the practical parts of his method. By D. Biber, Ph. Dr. Sine ira et studio, quorum causas procul habeo. London 1831. John Souter. V, 468 S. (H.)

292. (Keller, Leonh.) Auch ein Wort aus der Pädagogik von einem Nichtpestalozzianer. Zürich 1831. (H.)

293. W. B. Mönnich. J. Heinrich Pestalozzi nach ihm selbst und Andern geschildert. In den Zeitgenossen 3. Band, 3. Reihe, 1831. (H.)

294. Nägeli, H. G. Pädagogisches Memorial, der Verfassungs-kommission des Kantons Zürich eingereicht. Zürich 1831. (H.)

1832.

295. Basedows und Pestalozzis Erziehungsgrundsätze. Ein Bey-trag zur Geschichte der Erziehung von Dr. Kröger. In Rosels Allg. Monatsschrift 16. Band, Aachen 1832, S. 307—312. 345—362. (Berlin, Sch. M.)

296. Krüsi und Tobler. Beiträge zu den Mitteln der Volks-erziehung im Geiste der Menschenbildung. 1.—4. Jahrgang. Zürich und Trogen 1832—1835. (H.)

297. Zschokke. Erinnerungen an H. Pestalozzi. Im 1. Theile des Prometheus für Recht und Licht S. 245—261. Aarau 1832. (H.)

Pestalozzis Einheitstabelle. 2 Bl. Folio. Basel 1832. Neukirch. Vergl. Nr. 265.

1833.

298. E. Fellenberg. Der dreimonatliche Bildungskurs. Bern 1833. 317 S. (H.)

299. Bildnisse und Lebensbeschreibungen der berühmtesten und verdienstvollsten Pädagogen und Schulmänner älterer und neuerer Zeit. Quedlinburg und Leipzig 1833. 1. Lieferung: Pestalozzi. (H.)

1834.

300. (Fellenberg.) Heinrich Pestalozzis bis dahin unedirte Briefe und letzte Schicksale. Bern 1834. Jenni. II und 59 S.

301. Hugger, C. P. Rede- und Denkübungen für Kinder. Nach der P. Methode. Ulm 1834. (H.)

1835.

302. Selbstbiographie Ramsauers in Oldenburg. Das pädag. Deutschland der Gegenwart. Sammlung von Selbstbiogr., herausg. von Diesterweg. Berlin 1835. Plahn. I, 105—127.

1836.

303. Pädagogische Bilder von Jul. Lehmann. Mit Vorwort von Zoller. Bern 1836. S. 175—191. (H.)

304. Ankündigung. Die Niederersche Töchterbildungsanstalt zu Iferten im Kanton Wadt der Schweiz. Iferten 1836. Niederer. Aarau (o. J.). Sauerländer. (Berlin, Sch. M.)

1838.

305. Pestalozzis Leistungen im Erziehungsfache. Einladungsschrift zur Promotionsfeier des Gymnasiums und der Realschule von A. Heußler, Lehrer am Gymnasium. Basel 1838. Schweighauser. 107 S.

306. Kurze Skizze meines pädagogischen Lebens. Mit besonderer Berücksichtigung auf Pestalozzi und seine Anstalten. Von Johannes Ramsauer. Oldenburg 1838. Schulze. VI und 103 S. 2. Auflage mit einem Vorwort von Prof. v. Zezschwitz 1880. Vergl. Nr. 302.

307. Erfahrungen und Ansichten über Erziehung und Unterricht. Vom Reg.- und Schulrathe von Türk zu Klein-Glienike bei Potsdam. Berlin 1838. Natorff. XIV und 280 S. Der Anhang (S. 255—280) enthält: Meine Verhältnisse zu Pestalozzi und sein Einfluß auf meine Lebens- richtung und 12 Briefe Pestalozzis an von Türk.

1839.

308. Der Schullehrer des 19. Jahrhunderts. 2. Band. 2. Auf lage Stuttgart 1839. Enthält: Die Pestalozzische Familie. Geschichte des Anschauungsunterrichts. 1. Pestalozzi. (H.)

1840.

309. Erinnerungen aus meinem pädagogischen Leben und Wirken vor meiner Vereinigung mit Pestalozzi, während derselben und seither. Ein Freundeswort an die Seminaristen des dritten Lehrkurses bei ihrer Schlußprüfung den 19. August 1839. Von Hermann Krüsi, Dir. des Schullehrerseminars in Gais. Pädag. Revue . . herausg. von Dr. Mager, I, 305 330. 439 469. Stuttgart 1840. Cast. Auch als Broschüre in demselben Jahre erschienen, 56 S.

1841.

310. War Heinrich Pestalozzi ein Ungläubiger? Ein Beitrag zur Würdigung des Religiösen in seinen Bestrebungen mit bes. Rücksicht auf die Selbstbiogr. von J. Ramsauer von F. E. U. Burkhart, Pfarrer. Leipzig 1841. Hartknoch. 83 S. Vergl. Nr. 353.

311. Mönnich, W. B. Jugend und Bildungsgeschichte merkwürdiger Männer und Frauen. Nürnberg 1841. I, 180—226. (H.)

312. Denkschrift auf G. H. L. Nicolovius von A. Nicolovius. Bonn 1841. Weber. 348 S. (S. 140—48. 163. 68. 173. 76. 234—36. 251.) Der Aufsatz Nicolovius und Pestalozzi in den Pestalozziblättern VI, 81—96, Zürich 1885, stellt daraus alles auf P. Bezügliche zusammen.

1842.

Exposé de la Méthode d'Éducation de Pestalozzi par Jullien. Paris 1842. (Nr. 222.)

313. Meine Bestrebungen und Erfahrungen im Gebiete der Volkserziehung dargestellt in Briefen an Freunde. Von Hermann Krüsi, ältestem Zögling und Mitarbeiter von Pestalozzi. Erster (einziger) Theil. Gais 1842. Verlag von Weishaupt, Pfarrer. 152 S.

314. Eine Selbstschau. Von Heinrich Zschokke. Aarau 1842. Sauerländer. Im 3. Buche des 1. Teiles (Revolutionsjahre) im 5. Abschnitte (Sendung nach Unterwalden) gedenkt Zschokke auf wenig Zeilen des Zusammenwirkens mit Pestalozzi in Stanz.

1843.

315. Pestalozzi, seine Zeit, seine Schicksale und sein Wirken. Eine Schrift für Freunde der Menschenbildung und Förderer einer bessern Zukunft. Von Dr. J. B. Bandlin, Vorsteher ec. Schaffhausen 1843. Brodtmann. XVI und 144 S. Divitiarum et formae gloria fluxa atque fragilis, virtus clara aeternaque habetur. Sallust.

316. Escher. Artikel Pestalozzi in der Allgemeinen Encyklopädie von Ersch und Gruber III, Band 18 S. 311—322. Leipzig 1843. Brockhaus.

317. Guimps, R. de. Notice sur Pestalozzi. Journal d'Yverdon 1843. (H.)

318. Geschichte der Pädagogik . . . . von Karl von Raumer. Stuttgart 1843. 3. Auflage 1857. II, 365—476. 498—521.

1844.

319. Heinrich Pestalozzi nach seinem Gemüth, Streben und Schicksale. Übersetzt aus dem Französischen der Notice sur la vie de Pestalozzi. Yverdon 1843. (Nr. 317). Mit 2 Lithographien. Aarau 1844. Sauerländer. XII und 47 S.

Im Dezember 1844 verschickte Diesterweg folgendes Rundschreiben:
„Ew. Wohlgeboren beehre ich mich, die beiliegende Broschüre zu gefälliger Ansicht
vorzulegen. Ich habe nämlich geglaubt, daß es nur heilsam sein könnte, die Auf
merksamkeit der Kinder und der Eltern einmal auf die Schule selbst, auf deren
Geschichte und Epochen ꝛc., hinzuleiten. Geschähe meinte ich ferner solche
Darstellung zu geeigneter Zeit, so müßte dadurch das Interesse des Publikums an
Schulangelegenheiten sehr zunehmen. Für einen solchen geeigneten Zeitpunkt habe
ich das bevorstehende Säcularfest Pestalozzi's, des Gründers der modernen
Schule, gehalten, und in der angegebenen Absicht die beiliegende Broschüre ge=
schrieben. Durch ihren Verlauf soll außerdem noch der auf dem Titel genannte
Nebenzweck erstrebt werden. Nach diesen Bemerkungen bitte ich Ew. 1) um ge
fällige Kenntnißnahme von dem Inhalt der Broschüre; 2) um die Beant
wortung der Frage, ob Sie es für zweckmäßig erachten, dieselbe am 12. Januar
1845 Ihren Schulkindern oder einem Theile derselben (ich würde vorschlagen: nach
einer erwärmenden Erzählung von des großen Menschen , Kinder= und Armen
freundes Streben und Wirken) zu übergeben; 3) um gefällige Rücksendung der
Broschüre innerhalb vier Tagen, und, falls die Frage Nr. 2, wie ich nur wünschen
kann, bejahend ausfällt, um Angabe der Anzahl Exemplare, die ich Ihnen
zu den genannten Zwecken zusenden soll; 4) in letzterem Falle um Einlassirung
der Gelder. Das Exemplar kostet 3 Sgr. Jede Mehrzahlung wird, um des
Zweckes willen, dankbar angenommen. Indem ich die vorliegende, wie es mir
scheint, nicht unwichtige Angelegenheit der wohlwollenden Berücksichtigung Ew.
bestens empfehle, verharre ich in Hochachtung Dr. Diesterweg, Cranienburger=
straße Nr. 29. Berlin, den 22. December 1844."* Den Titel der Broschüre
schmückt Pestalozzis Bildnis, darunter steht:

1845.

320. Heinrich Pestalozzi. Ein Wort über ihn und seine unsterb=
lichen Verdienste für die Kinder und deren Eltern zu dem ersten Säcular=
feste seiner Geburt. Von einem seiner dankbaren Verehrer. (Zum Besten
einer zu Pestalozzis Gedächtniß nach seinen Grundsätzen und Absichten
zu errichtenden landwirthschaftlichen Armenerziehungsanstalt — als Muster=
anstalt für Waisenerziehung.) Berlin 1845. 30 S. In demselben Jahre
erschien eine 2. und 3. Auflage dieser Broschüre. Die 3. (mit einem andern Bild=
nisse), verbessert und vermehrt. Von A. D., einem seiner dankbaren Verehrer. Berlin
bei Enslin. 52 S. Die 3. Auflage ist auch abgedruckt in den Rheinischen Blättern,
31. Band (1845) S. 186 -223 ohne die Stellen aus P. Schwanengesang.

321. Pestalozzi und sein 100jähriger Geburtstag am 12. Januar
1845 in Berlin. Von A. Diesterweg. Rheinische Blätter, 31. Band
(1845) S. 133 — 185. Enthält u. a. 8 Lieder, die zur Feier eigens gedruckt
waren, ferner 9 mündlich mitgetheilte und eingesandte Lieder, endlich 10 Lieder, ge=
sungen am 100. Geb. J. H. P. von der Abteilung Gröningen des Lehrervereins
in den Niederlanden. Aus dem Holländischen übertragen von H. Kisler.

---

* Dieses Rundschreiben hat ungeahnten Erfolg gehabt; nicht nur ist das
Interesse für Pestalozzi und sein Werk gewaltig belebt worden, es ist auch die Be=
gründung der zahlreichen, äußerst segensreich wirkenden Pestalozzistiftungen
(Verz. in Nr. 132) auf dieses Rundschreiben zurückzuführen. Das in meinem Besitze
befindliche Exemplar war an Dr. Burgwardt in Altona gerichtet. (Vergl. Nr. 352.)

322. Die Feier des 100sten Geburtstages Heinrich Pestalozzis in Berlin am 12. Januar 1845. Vorfeier des hundertjährigen Jubiläums seiner Geburt am 12. Januar 1816. Von Diesterweg, Kalisch und Maßmann. Aufruf zur Theilnahme an einer zu Pestalozzis Gedächtniß, nach seinen Grundsätzen und Absichten zu errichtenden landwirthschaft= lichen Armenanstalt — eines Neuhofs — als Musteranstalt für Waisen= erziehung. Berlin 1845. Vossische Buchh. XVIII und 86 S. Auf dem Umschlage ist ein Pelikan abgebildet, der sich die Brust aufritzt. Eine Anzahl Exem= plare waren auf Schreibpapier gedruckt und mit Goldschnitt versehen. Die Schrift enthält: I. Aufruf. II. Gedicht von Maßmann. III. Aussprüche Pestalozzis über die von ihm beabsichtigte Stiftung. 1. Lied von H. 2. Pestalozzi nach seiner Persönlichkeit und seinen Schicksalen von Kalisch. 3. Lied von Franke. 4. Pesta= lozzis Erziehungs= und Bildungsprincip. Von Diesterweg. 5. Lied von A. M.

323. Ein Wort zur Erinnerung an den hundertsten Geburtstag Pestalozzis am 12. Januar 1845 als Vorfeier des am 12. Januar 1846 eintretenden allgemeinen Säcularfestes desselben, in gebundener Rede ab= gefaßt und vorgetragen am 25jähr. Stiftungstage des Kasselschen Lehrer= vereins von C. C. Collmann, Bürgerschulinspektor. Kassel 1845. XII und 68 S.

Die Vorrede giebt interessanten Aufschluß über den anfänglichen Irrtum be= züglich des Geburtsjahres P. Das Gedicht mit biogr. Erläuterungen umfaßt 20 S. Dann folgen Nachträge: 1. Heinrich Pestalozzis Kinderjahre. 2. Kurze Mit= theilungen aus P. späterem Leben. 3. Aus Lienhard und Gertrud und Christoph und Else. 4. Über die relig. Bildung der Kinder und Armen (aus der Wochen= schrift f. Menschenbildung IV, 218). 5. Einiges über die Idee der Elementar= bildung von P. (Anfang und Schluß des Schwanengesanges.) 6. Der Berliner Aufruf. Das Schriftchen erlebte „zum Besten der Pestalozzistiftung" in dem= selben Jahre eine zweite, mit einigen Nachträgen vermehrte Auflage.

324. Mittheilungen aus dem Leben und den Schriften Heinrich Pestalozzis, zum Gebrauche in Familien und Schulen. Herausgegeben von C. C. Collmann. Kassel 1845. Bohne. VIII und 61 S. Der Er= lös aus dieser Schrift ist bestimmt theils zum Besten der von Diesterweg ange= regten Pestalozzistiftung, theils zur Unterstützung einer kurhessischen Er= ziehungsanstalt für verwahrloste Kinder, zu Ehren Pestalozzis.

Die Mitteilungen sind größtenteils Lienhard und Gertrud entnommen. Am Schlusse steht der Berliner Aufruf. (Vergl. Nr. 322.)

325. Pestalozzi und Fichte. Bemerkungen über das Verhältniß ihrer Principien und Tendenzen. Von A. Diesterweg. Rheinische Blätter, 31. Band (1845) S. 280—87.

326. Mannigfaltiges in Bezug auf Pestalozzi. Von A. Diester= weg. Rhein. Bl. 32. Band (1845) S. 12—88. 1. Die Pestalozzifeier in Stummdorf den 15. Jan. 1845. 2. P. 100. Geburtstag gefeiert im Elysium bei Potsdam den 11. Jan. 1845. 3. Festgedicht und 4. Lied für 4 Männerstimmen von Nettel in Schwedt. 5. Bemerkungen und Ansichten über landwirtschaftliche

Waisen- und Erziehungsanstalten (drei Artikel aus der Spenerschen und Vossischen Zeitung). 6. Neuere Aussprüche über Pestalozzi. 7. Pest. Gattin. 8. Anzeige der Schrift Nr. 322 und Abdruck des Aufrufs. 9. P. Bildniß.

327. Mancherlei in Bezug auf Pestalozzi. Von A. Diesterweg. Rhein. Bl. 32. Band (1845) S. 200–221. Enthält: 1. Skizze des pädagogischen Lebens und Wirkens des Herrn v. Türk (von ihm selbst verfaßt). 2. Eine Aeußerung Heinrich Zschokkes über H. Pestalozzi. 3. Beschluß der Regierung der Provinz Niederhessen, die Collmannsche Schrift (Nr. 323) und die Veranstaltung einer Pestalozzifeier am 12. Jan. 1846 angelegentlich empfehlend. 4. Anzeige, daß das Schulkolleg. der Provinz Brandenburg eine Anzahl Exemplare der Schrift Nr. 320 (zum Ged. Pest.) angekauft und verteilt hat. 5. Anzeige einer Preisaufgabe. In Frankreich hat Herr de Beaujour einen Preis von 5000 fr. ausgesetzt für eine „Kritische Untersuchung des Erziehungssystems Pestalozzis in seinen Beziehungen zu dem materiellen und sittlichen Wohl der unteren Klassen.“ Zeit 5 Jahre. 6. Wanders Aufruf für die Pestalozzistiftung. 7. Beiträge zur Pestalozzistiftung. 8. Gegen Otto Schulz. 9. Aufruf an Deutschlands Lehrer.

328. Emanuel Fellenbergs Leben und Wirken. Zur Erinnerung für seine Freunde, Schüler und Verehrer von W. Hamm. Bern 1845. Jenni. 40 S. S. 13 ff. sind die Beziehungen zu P. behandelt.

329. Krüsi. Hinterlassene Gedichte, nebst dessen Nekrolog. Heiden 1845. LIV und 250 S. (H.)

330. Lieder zum Pestalozzifeste am 12. Januar 1845. Von A. C. Lua. Berlin 1845. Simion. 15 S. (Berlin, Sch. M.)

331. Wie den armen Waisen geholfen, dem Proletariat vorgebeugt werden kann. Eine ehrerb. Vorstellung zunächst an die Väter und Vertretung der Stadt Berlin. Zum Andenken Pestalozzis. (Von Prediger Melcher.) Berlin 1845. Bethge. 16 S. (Rh. Bl. 34, S. 59.)

332. Joh. Heinr. Pestalozzis Idee der Menschenbildung in ihrer Entwickelung und Bedeutung. Ein Vortrag, gehalten zu Nürnberg von Dr. W. B. Mönnich. Nürnberg 1845. Korn. 28 S.

333. Münch, Matth. K. Biographien ausgezeichneter um die Menschheit verdienter Pädagogen. Augsburg 1845. (H.)

334. Doctor Johannes Niederers Briefe von 1797 bis 1803 an seinen Freund Tobler. Herausgegeben von seiner Wittwe Rosette Niederer. Genf 1845. Keßmann. XXIII und 254 S. Mit Niederers Bildniß.

335. Johann Heinrich Pestalozzis Leben, Wollen und Wirken. Allen liebenden Eltern, allen treuen Erziehern gewidmet von Karl Oppel. Frankfurt a. M. 1845. Keßler. 35 S. Der Ertrag ist zum Besten einer in Frankfurt a. M. zu gründenden Pestalozzistiftung bestimmt.

336. Bericht über Pestalozzis Figuren zu meinem „ABC Buch" oder zu den Anfangsgründen meines Denkens. Ein Vortrag gehalten am 29. März 1845 im jüngeren Lehrerverein zu Berlin von Theodor Wolff. Rhein. Bl. 32. B. (1845) S. 167—199.

337. Die schweizerischen Armenschulen nach Fellenbergschen Grundsätzen. Ein Beitrag zur Geschichte des schweiz. Armenwesens von Joh. Konrad Zellweger. Von der appenzellischen gemeinnützigen Gesellschaft herausgegeben. Trogen 1845. VIII und 316 S. Das 4. Kapitel (S. 28—53) behandelt: Pestalozzi und seine Idee.

338. Pestalozzistiftung in der deutschen Schweiz. Statutenentwurf. 1845. (H.)

339. Pestalozzi. Pädagogische Zeitung. Kassel 1845, XIX und 1846, I. Angezogen von Weiß, Vorschlag S. 4. (Nr. 399.)

1846.

340. Robidé van der Aa, C. P. E.. Pestalozzis leven en lotgevalen. Arnheim 1846. Mit Bild. (H.)

341. Erinnerungen aus meinem Leben bei Pestalozzi. Mitgetheilt den 12. Januar 1846 an seinem 100jähr. Geburtsfeste in Frankfurt am Main von W. H. Ackermann, Lehrer an der Musterschule daselbst. Frankfurt a. M. 1846. Jäger. 16 S. Der Ertrag ist für die Pestalozzistiftung in Frankfurt a. M. bestimmt.

342. Heinrich Pestalozzi. Sein Leben und Wirken der Jugend erzählt zu Seinem 100sten Geburtstage am 12. Januar 1846 von Ludwig Ahrendts. Frankfurt a. O. 1846. 22 S. Zum Besten einer Pestalozzistiftung für Frankf. a. O.

343. Beitrag zur Charakteristik Pestalozzis vom Prediger Amen in Prenzlow. In: Zur Pädagogik. Beiträge in zwangl. Heften, herausgegeben von E. W. Kalisch. 2. Heft. Berlin 1846. Vossische Buchh. (Rhein. Bl. 34, S. 42.)

344. Der Genius von Vater Pestalozzi oder der Menschenbildner, seine Idee, seine Methode, seine Schriften, seine Zeit, sein Einfluß auf dieselbe, seine Hülfsmittel, sein Wirken, seine Verdienste, sein Versuchen, seine Freunde u. s. w., seine Verfolger, sein Tod und sein Grab. Ein Denkmal zum hundertsten Geburtstage seines geistigen Vaters von Dr. G. B. Bandlin, Vorsteher einer Erziehungs- und Bildungsunternehmung zu Schoren bei Langenthal. Zürich 1846. Höhr. VIII und 508 S.

345. (Kaspar Bär.) Heinrich Pestalozzi. Sein Leben und Wirken einfach und getreu erzählt für das Zürcherische Volk zur Hundertjährigen Geburtstagsfeier seines großen Mitbürgers. Zürich, gedr. bei Orell, Füßli u. Comp. 1846. 79 S. Zu Anfange ein Holzschnitt, das Geburtshaus Pestalozzis. Die zweite gleichlautende Auflage bringt noch ein Bildnis Pestalozzis und hat auf dem Titel die Bemerkung: Herausgegeben von der zürcherischen Schulsynode. Sie ist im Verlage von Meyer und Zeller in Zürich erschienen. Die erste Auflage war, wie auf dem Titelblatte der zweiten bemerkt ist, in 20000 Exemplaren gedruckt worden.

346. (Bauer.) Der Revolutionär Pestalozzi. Von einem Zög= linge desselben. „Sie kennen ihn nicht. Den Meisten ist er eine mythische Person." Charlottenburg 1846. Bauer. 29 S. Das Citat ist dem Vor= worte der L. Schulzeschen Ausgabe der Abendstunde eines Einsiedlers (Nr. 7, 4) entnommen.

347. Heinrich Pestalozzi. Züge aus dem Bilde seines Lebens und Wirkens nach Selbstzeugnissen, Anschauungen und Mittheilungen, wo= durch zur Feier des hundertjährigen Geburtstages dieses im Gebiete der Erziehung neue Bahn brechenden und mächtig anregenden Schweizers, am 12. Januar 1846, im Namen des Dresdner Pädagogischen Vereins ergebenst einladet D. Karl Justus Blochmann, Geh. Schulrath und Professor. Dresden, gedr. auf Kosten des Herausgebers bei E. Bloch= mann u. Sohn. X und 180 S. Mit Pest. Bildnis und Facsimile s. Hand. schrift, dem Geburtshause Pest., Ansichten von Stanz, Burgdorf, Yverdon, dem Grabe P. zu Birr und des Pestalozzistifts in Dresden.

348. Die Pestalozzifeier in Dresden 1846. Dresden, gedr. auf Kosten des päd. Vereins. 50 S. Enthält u. a. eine Rede des Geh. Schulr. Prof. Blochmann und eine Rede des Gymnasiallehrer Albans.

349. Bornhauser, Th., Pestalozzis Andenken. Gedicht, an der Feier des Vaters Pestalozzi bei seinem hundertsten Geburtstage den 12. Jan. 1846 gesungen von der thurganischen Lehrerschaft in Weinfelden. 4 S. (H.)

350. Tale paa Johan Heinrich Pestalozzis hundredaarige Fødsels dag den 12te Januar 1846. Af Dr. G. B. Brammer, Biskop over Aarhuus Stift. Kjobenhavn. Host. 23 S.

351. Ein Wort über Pestalozzis Leben und Wirken. Rede ge halten bei der Gedächtnißfeier H. Pestalozzis den 12. Jan. 1846 im Rath saale zu Winterthur von J. J. Büchi, Mitgl. des Schulrathes. Winter thur 1846. Hegner. 22 S.

352. Heinrich Pestalozzi. Ein Buch für Eltern und Lehrer, be sonders für Mütter. Zum 100jähr. Geburts Jubiläum Pestalozzis 12. Januar 1846 für den weiteren Ausbau seines edlen Werkes herausgegeben von Heinrich Burgwardt. Motto: Ich will die Bildung des Volkes in die Hand der Mütter legen; die Wohnstube ist die allgemeine Realschule der Menschheit. Was Eltern den Kindern lehren können, ist und bleibt immer die Hauptsache fürs menschliche Leben. Pestalozzi. Altona 1846. Lehmkuhl. Mit 1 Bildniß Pestalozzis. VIII und 304 S.

353. Burkhart, A. F. E., Pestalozzi und seine Leistungen nach deren Einfluß auf eine religiöse Volkserziehung. Leipzig 1846. (H.)

354. Pestalozzis Leben und Ansichten in einem wortgetreuen Auszuge aus sämmtlichen von Pestalozzi herrührenden Schriften zur Feier von dessen hundertsten Geburtstage dargestellt von Raget Christoffel, Rector an der Bezirksschule in Schöftland. Zürich 1846. Meyer und Zeller. II und 536 S. 4°. Mit einer Ansicht des Neuhofes und des Denkmals P. in Birr. Die 4 Abteilungen enthalten: 1. Pestalozzis Bekenntnisse. 2. P. Natur und Volksanschauung. 3. P. Ansichten über Erziehung und Unterricht. 4. Beiträge zu einer Staatspädagogik und Worte an das Vaterland.

355. Corrodi. An Vater P., zur hundertjährigen Gedächtnißfeier. Winterthur 1846. 3 S. (H.)

356. Curtmann, W. J. G. Eröffnungsrede des im Jahre 1846 begangenen Säcularfestes der Geburt P., gesprochen zu Frankfurt a. M. Allgem. Schulzeitung von Zimmermann 1855, Nr. 5. (H.)

357. Was wollte Pestalozzi? Was wollen wir? Rede bei der Männerfeier am 12. Januar 1846 in Berlin gehalten von A. Diesterweg. Berlin 1846. Enslin. (Rhein. Bl. 34, S. 41.)

358. Heinrich Pestalozzi, seine Gedächtnißfeier und sein Denkmal. Von A. Diesterweg. Rhein. Bl. 33. B. (1846), S. 12–43. Enthält am Schlusse einen in der Schweiz verbreiteten „Aufruf zur Gründung eines Denkmals auf die hundertste Geburtsfeier Vater Pestalozzis," den ihm Zschokke zugeschickt hat.

359. Die Idee des Pestalozzifestes und der Pestalozzistiftung. Von A. Diesterweg. Rh. Bl. 33. B. (1846), S. 154–167.

360. Pestalozzi. Von A. Diesterweg. Rh. Bl. 33. B. (1846), S. 259–310. Enthält meist eingehende Anzeigen über folgende Schriften: 1. Reden und Gesänge bei der Feier in Erfurt (Nr. 397). 2. Die P. F. in Hamburg (Nr. 411). 3. Die P. F. zu Brandenburg a. H. (Nr. 106). 4. Das Pestalozzifest zu Anhalt Bernburg (Nr. 105). 5. Rede in Kiel von Dr. Thaulow (Nr. 396). 6. Rede in Königsberg von Rosenkranz (Nr. 390). Ausführlicher Auszug. 7. Pestalozziana. Von Prof. Scheidler. 36 S. Aus dem Januarheft der Minerva bes. abgedruckt. 8. Rückblick auf Pestalozzi von Kortüm (Nr. 377). 9. Erinnerungen aus meinem Leben bei P. von Ackermann (Nr. 311). 10. Mitteilungen über P. und s. Erziehungsmethode von Kröger (Nr. 378). 11. Skole-Reformatoren J. H. Pestal. Hundredaars-Mindefest i Danmark 1846. Af D. E. Rugaard. 12. H. Pestalozzi von Blochmann. (Ausführlich und teilweise polemisch.) (Nr. 347.) Festlied von Maßmann. Bilder von Pestalozzi.

361. Pestalozzi. Von A. Diesterweg. Rh. Bl. B. 34 (1846), S. 3 66. Enthält: 1. Allgemeines. 2. Besonderes. 3. Literarisches. Besprochen werden da: 1. Der Genius von Vater P. von Bandlin (Nr. 311). 2. P. Leben und Ansichten von R. Christoffel (Nr. 354). 3. Heinrich Pestalozzi. Herausg. von der Zürcherischen Schulsynode (Nr. 315). 1. H. P. von H. Burg wardt (Nr. 352). 5. P. Verhältniß zum mod. Leben von Schenenstuhl (Nr. 393). 6. Lebensskizze P. von Hartmann in Nürtingen (Nr. 370). 7. H. P. Rede bei der Männerfeier von Diesterweg. 8. Die Feier des Pestalozzitages vor deutschen Frauen (Nr. 395). 9. Zur Pädagogik. Beiträge in zwangl. Heften von Kalisch. 2. Heft. 10. Gedichte von G. J. Krahe. Zum Besten der Pestalozzi Stiftung. 11. Nachricht über die P. Feier in Stockholm und Groningen und Verzeichniß der Orte, aus denen Festberichte eingegangen sind. 12. Zustände der Volksschul-lehrer in Rheinland und Westphalen. Zum Besten der P. F. 13. „Aus dem Heere der zum P. Tage gelieferten Gedichte" drei. 4. Die Pestalozzistiftung betreffend. 1. Vorschlag zu einem Denkmale P. von Weiß (Nr. 399). 2. Wie den armen Waisen geholfen, dem Proletariat vorgebeugt werden kann (Nr. 331). 3. An die Leser Westphalens. 4. Nachschrift.

362. Dietschi, P., Das Säkularfest von Vater P., gefeiert in Deusingen von den Lehrern und Schulfreunden des Kantons Solothurn den 12. Jan. 1846. (H.)

363. Dietschi, P., Pestalozzi und sein Wirken. Rede gehalten an seiner hundertjährigen Geburtsfeier den 12. Jan. 1846 zu Deusingen. 22 S. (H.)

364. Erinnerungen an Heinrich Pestalozzi, zum Vergleich der Ver-gangenheit mit der Gegenwart auf dem Gebiete der Erziehung, in vier Vorlesungen vor einem Kreise von Damen gehalten und auf den Wunsch seiner Zuhörerinnen als Manuscript dem Druck übergeben von H. C. Elditt, Lehrer an der höheren Töchterschule. Königsberg 1846. 79 S.

365. Fröhlich, Em. Zum Andenken des Vaters Pestalozzi auf die Feier seines Geburtstags (Gedicht) 1846. (H.)

366. Pestalozzis Idee von der Wohnstube. Von Wilh. Gamper, Lehrer an der Mädchenschule. Ein Vortrag am Festabend des 12. Jan. 1846 zu Winterthur. Nebst 1 Facsim. aus einem nicht edirten Werke P. „Der natürl. Schulmeister" und einer ausführl. Nachricht über P. Vor trag in der Bezirksgesellschaft von Brugg, acht Wochen vor seinem Tode. Zürich 1846. Orell, Füßli u. Co. 32 S.

367. Gotthelf, Jeremias. Ein Wort zur Pestalozzifeier. Dr. Magers Päd. Revue, Band 14. Zürich 1846. S. 49 65. (H.)

368. Über die Bedeutung der Pestalozzischen Elementarbildung in der Gesammtausbildung der Menschen. Vortrag gehalten bei der Fest feier Pestalozzis am 12. Jan. 1846 in Potsdam von A. Hamann, Oberl. am Gymnasium. Potsdam 1846. Jaute. 39 S. Den Herren Elementarlehrern Potsdams als Zeichen seiner Hochachtung gewidmet.

369. Rede bei der Säcular Geburts Feier Johann Heinrich Pesta lozzis am 12. Januar 1846 von H. A. Hansen, Stadtschullehrer in Altona. Altona 1846. Schlüter. 22 S.

370. Lebensskizze des edlen Menschen und Kinderfreundes Heinrich Pestalozzi. Verfaßt und bei der im Seminar zu Nürtingen veranstalteten Säkularfeier seiner Geburt vorgetragen von C. F. Hartmann. Mit einem Vorwort von Dr. Eisenlohr. Reutlingen 1846. VIII und 51 S.

371. Heer, J. Rede bei der Pestalozzifeier in Wädensweil. Zürich 1846. 15 S. (H.)

372. Ad. Heine, Die Säcular Geburtstagsfeier Pestalozzis am 12. Januar 1846 zu Hildburghausen. 66 S. (Leipzig, C. Zt.)

373. Henning, J. W. M. Monatsblatt für Pommerns Volks schullehrer. 12. Jahrg. 1846. (H.)

374. Basedow und Pestalozzi, oder die philanthropinische und pestalozzische Schule. Zur Säcularfeier von Pestalozzis Geburtstage am 12. Jan. 1846 in Elberfeld. Von Heuser. Rhein. Bl. 33. Band (1846), S. 128—153.

375. Rede, gehalten bei der Gedächtnißfeier H. Pestalozzis den 12. Jan. 1846 in der Großmünsterkirche zu Zürich von J. J. Hottinger. Zürich 1846. Meyer und Zeller. 16 S.

376. J. Jalowicz, Denkrede auf Heinrich Pestalozzi zur ersten Säkularfeier seiner Geburt. Culm 1846. 14 S. (Berlin, königl. Bibl.)

377. Rückblick auf Johann Heinrich Pestalozzi nebst etlichen unge druckten Blättern desselben. Zur Säkularfeier von Dr. Friedrich Kortüm, ord. Prof. d. Gesch. Heidelberg 1846. Mohr. 28 S. und 1 Facsimile der Pestalozzischen Handschrift.

378. Mittheilungen über Pestalozzi und seine Erziehungsmethode. I. Pest. Leben. II. Naturgemäßheit als Hauptgrundsatz der P. Bildungs methode. III. P. Ansichten über Bildung zur Religion. Für Eltern und Erzieher. Zum Besten der Pestalozzistiftung von Katechet Dr. J. E. Kröger, Vorsteher einer Lehr und Erziehungsanst. für Töchter 2c. Hamburg 1846 beim Verfasser. II und 90 S.

379. Poetische Gabe auf den hundertsten Geburtstag Pestalozzis von Hermann Krüsi. Zürich 1846. Orell, Füßli u. Comp. 24 S.

380. Rede bei der Säcular Geburtsfeier Pestalozzis am 12. Jan. 1846, gehalten von Dr. F. Lübker, Conrector der Domschule. Schles wig 1846. Taubst. Inst. 15 S. Der Ertrag ist für den an jenem Tage begründeten Unterstützungsfond für Schullehrer-Wittwen in Schleswig und der nächsten Umgebung bestimmt.

381. Heinrich Pestalozzi, ein Beitrag zur Feier seines Andenkens von **Friedrich Luger**, Diak. Hamburg 1846. Agent. des Rauhen Hauses. 57 S. Wiederabdruck aus „Janus", Jahrbücher re. herausgegeben von Huber. Berlin 1845. Besser. 13. Heft.

382. Ernstes und Heitres zum Pestalozzifeste am 12. Januar 1846. Von **H. F. Maßmann**. Berlin 1846. Reimer. 27 S. Grabesstimme P. Allocutio hospitum in coena pestalozziana latinorum. Fest-lied. Tischlied. Frühlingslied.

383. Cantate zur Feier des 100jährigen Geburtstages Pestalozzis, gedichtet von **P. O. H. Pepper**, in Musik gesetzt von **G. D. Demuth**. Hamburg, am 11. Januar 1846. 8 S.

384. Die Pestalozzifeier in Hildburghausen. Aus einem Briefe von **K. R. Peter** an Diesterweg. Rh. Bl. 33. Band (1846), S 168—174.

385. **Propst, Jos.** Die wichtigeren pädagog. Grundsätze von J. H. Pestalozzi. Liestal 1846. 24 S. (H.)

386. Pestalozzische Blätter. Herausgegeben von **Ramsauer** und **Zahn**. Erstes Heft. Memorabilien J. Ramsauers. Elberfeld und Meurs 1846. Rheinische Schulbuchhandlung. IV und 100 S. Vergleiche Pestalozzibl. IV, 71—79. Zürich 1883.

387. Die Liebe in Erziehung und Unterricht. Ein Büchlein für Eltern und Lehrer, namentlich für Mütter aus den gebildeten Ständen. Zum Andenken Pestalozzis und zu seinem hundertjährigen Geburtstage. Von **Johannes Ramsauer**. Mit 27 Tafeln Steindruck. Elberfeld und Meurs 1846. Schulbuchhandlung. Umschlag: Buch der Mütter. Von Johannes Ramsauer. Zum Andenken Pestalozzis. X und 304 S. Die Vorrede: „Den Manen Pestalozzis" ist auch abgedruckt in der ersten Nummer der Schulchronik von Zahn.

388. Bildniß Pestalozzis von **Ramsauer**. In der Schulchronik vom Jahre 1846, herausg. von **Zahn**. Meurs, Schulbuchh. Die Zeichnung stellt Pestalozzi in seiner gewöhnlichen Erscheinung dar, darunter steht folgendes Faksimile: „So stand er, so ging er, der liebe theure Mann! Eine schwarz-wollene oder sammtene Mütze, krumm und staubig, eine dicke, langhaarige Kaputze, ohne Form und Tasche, mit 2 langen Löchern hinten: kein Halstuch, gewöhnlich keine Weste, stets schlechte, heruntergetretene Schuhe und herunterhangende Strümpfe, Beinkleider ohne Hosenträger, das Taschentuch (wenns nicht verloren war) in den Busen gesteckt. J. Ramsauer." Vergl. dazu Torlitz, Reisebeschreibung, Kopenhagen 1807: P. ist eine vollendete Häßlichkeit. Sein Anzug ist äußerst schmutzig, seine Schuhe sind nie schwarz geworden, seitdem sie aus den Händen des Schusters gekommen. Sein ungekämmtes Haar ist gern voll Federn, und nur am Freitag läßt er den Barbier zu sich kommen. Die Strümpfe hängen ihm gewöhnlich an den Füßen herab. Wenn es recht an das Arbeiten geht, so legt er sich, wie er geht und steht, ins Bette und diktiert. Da kommen die Gedanken eben so kraus auf das Papier, wie er sie im Kopfe hatte.

389. F. Rendschmidt, Rede gehalten am Pestalozzifeste zu Breslau 1846. 18 S. (Berlin, königl. Bibl.)

390. Pestalozzi. Rede zur Festfeier seines hundertjährigen Geburtstages am 12. Januar 1846; zu Königsberg im Saale des Kneiphöfschen Junkerhofes. Von Karl Rosenkranz. Zum Besten der deutschen Pestalozzistiftung. Königsberg 1846. Gräfe und Unzer. 29 S.

391. Stole Reformatoren J. H. Pestalozzis Hundred Aars Minde fest i Danmark 1846. Af D. E. Rugaard. Kjobuhaven, Brill. 41 S. (Rh. Bl. 33. B., S. 285.)

392. Pestalozziana von Professor Scheidler. 36 S. Aus dem Januarheft der „Minerva" besonders abgedruckt. Enthaltend Aussprüche von Kant, Pestalozzi u. a., Briefe Pestalozzis an Zschokke und Fellenberg. (Rh. Bl. B. 33, S. 283.)

393. Johann Heinrich Pestalozzis Verhältniß zum modernen Leben und zur modernen Wissenschaft. Ein Vortrag, gehalten am 12. Januar 1846, dem Säcular-Geburtstage P., im Lehrerverein zu Nürnberg von J. B. Scheuenstuhl. Ansbach 1846. Dollfuß. 15 S. 2. Auflage Fürth, Schmid.

394. Schmidt, Euf. Schule der Erziehung in biographischen Umrissen. Berlin 1846. (H.)

395. Heinrich Pestalozzi. Vorträge und Reden zur Frauen-Feier seines hundertjährigen Geburtstages am 25. Januar 1846 in Berlin, von Josephine Stadlin in Zürich, Rosette Niederer in Genf, Tinette Homberg in Emmerich, Gertrud Flender, Ida Klug, Auguste Schmidt, Adolf Diesterweg in Berlin. Zum Besten der deutschen P. St. Berlin 1846. Enslin. 91 S.

396. Rede bei der Säcular-Geburtsfeier Pestalozzis am 12. Jan. 1846 gehalten in der Aula zu Kiel. Zur Rechtfertigung und Versöhnung herausgegeben von Dr. Gustav Thaulow. Kiel 1846. Schwers. 16 S. Vergl. darüber Diesterweg, Rh. Bl. B. 33, S. 275.

397. Reden und Gesänge bei Pestalozzis Säcular-Geburtsfeier im Königl. Seminar zu Erfurt. Zur Erinnerung an dieselbe in Gemeinschaft mit den Mitwirkenden veröffentlicht von W. Thilo, Sem. Dir. Erfurt 1846. Selbstverlag. 81 S. Zerenner gewidmet. Enthält: 1845 Vorfeier: 1. Pestalozzi in s. Leben und Wirken geschildert von Strübing. 2. Festgedicht von Dr. Schramm. 3. Die Lebenskeime, welche Pest. im Herzen der deutschen Volkslehrerwelt erweckt hat. Von Thilo. 1846 Hauptfeier: 1. Weihwort von Kriebitzsch. 2. Was verdankt die geogr. Unt. Pest. Schule? Von Strübing. 3. Festgedicht von Kriebitzsch. 4. Was ist aus P. Schule dem Taubstummenbildungswesen zu Gute gekommen? Von Schulz. 5. Pestalozzis Gemütstiefe. Von Thilo. 6. Schlußcantate von Thilo. (Leipzig, C. St.)

398. Wander, K. Fr. W. Über Pestalozzis Befolgung der Lehre Jesu. Schlesische Provinzialblätter B. 123. 1846. Februarheft. (H.)

399. Vorschlag zu einem Denkmale Pestalozzis mit Rücksicht auf dessen Grundsätze der Erziehung und des Unterrichts. Von Dr. Christian Weiß, Königl. Pr. Geh. Reg. Rath a. D. Merseburg 1846. Anlandt. 38 S. „Es muß ein Seminar für Lehrer und Lehrerinnen, für Erzieher und Erzieherinnen nach Pest. Grundsätzen errichtet werden." S. 23.

400. Pestalozzi und das Christenthum von Zahn. Schulchronik vom Jahre 1846. Meurs, Schulbuchhandl.

401. Pestalozzi und der Pestalozziverein. Aurich 1846. (H.)

402. Vorträge, gehalten bei der Pestalozzifeier am 12. Jenner 1846 in Basel. Basel 1846. Schweighauser. VII und 67 S. Enthält: Joh. Heinr. Pestalozzi von Dr. Abraham Henßler, Rektor der Töchterschule. Pestalozzi und seine Gehülfen. Von Julius Lehmann. Vier Toaste, u. a. der Professoren Wakernagel und Hagenbach.

403. Nachgabe zur Pestalozzifeier nach Mittheilungen und Papieren eines Freundes und Amtsgehülfen des Gefeierten. In den „Mittheilungen". Basel 1846. Nr. 8 10. S. 30 38.

404. Lieder zur Feier des 100. Geburtstages H. Pestalozzis am 12. Januar 1846 in Berlin. 20 S. (Berlin, Sch. M.)

405. Pestalozzifest. Gefeiert am 12. Jan. 1846 von dem Lehrervereine im untern Herzogthume Anhalt Bernburg. Bernburg 1846. 32 S. Enthält: 1. Festrede von Lehrer Ströse über die Verdienste P. 2. Rede von Lehrer Burkhardt. 3. Aufruf zum Besten der Pestalozzistiftung vom Pastor Stephan. Rh. Bl. B. 33, S. 272.

406. Die Pestalozzifeier am 12. Januar 1846 zu Brandenburg an der Havel. Zum Besten der (deutschen) Pestalozzistiftung. Brandenburg 1846. Wiesike. 43 S. Enthält außer den Gesängen: 1. Rede des Rektors Riebe über die Eigenthümlichkeit, die Schicksale und die Verdienste P. 2. Rede des Gymnasial-Direktors Brant über die Anstrengungen P. zur Lösung des Problems der Vernichtung des Proletariats. 3. Rede des Rektors Schumann vor den drei Töchterschulen in der Kirche über Pestalozzis Leben und den Segen, den er gestiftet hat. (Rhein. Bl. 33, S. 271.)

407. Pestalozzis Säkularfeier. Ein Wort an die Schullehrer des evang. Theils des Kant. St. Gallen, vom evangelischen Erziehungsrath, auf den zwölften Januar 1846. St. Gallen 1846. Scheitlin u. Zollikofer. 24 S. Auf dem Umschlage ein Brustbild Pestalozzis in Holzschnitt.

408. Die Pestalozzifeier in St. Gallen 1846. (H.)

409. Ein bescheidenes Blümchen auf das Grab Pestalozzis. Glarus 1846. (H.)

410. Programm der Pestalozzifeier des Lehrervereins im Hai-
nauschen. Haynau, den 12. Januar 1816. 18 S. (Berlin, Sch. M.)

411. Die Pestalozzifeier in Hamburg 1816. In Commission bei
Perthes. Der Nettopreis ist zum Besten der (deutschen) Pestalozzistiftung
bestimmt. 11 S. Enthält außer den Gesängen: Die einleitenden Worte Th. Hoff-
manns. 2. Den Vortrag von C. Strauß über P. Leben. 3. Die Rede J. C.
Horstmanns: Von den Bedürfnissen unsrer Zeit in Beziehung auf Jugendbildung
im Lichte der heutigen Feier. (Rhein. Bl. B. 33, S. 269.)

412. Erinnerungen an Emanuel von Fellenberg. . . Zur Pestalozzifeier im landwirthschaftlichen Institute zu Jena aus einer größeren,
demnächst ersch. Schrift besonders abgedruckt. Jena 1816. Braun. 81 S.

413. Die Pestalozzistiftung zu Leipzig. Ein Vorschlag an unsere
Mitbürger zur würdigen Feier des 100sten Geburtstages Johann Heinrich
Pestalozzis. (Bildniß Pestalozzis wie auf der Tiesterwegschen Broschüre).
Leipzig 1846. Nies. 16 S.

414. Die Pestalozzifeier in Plauen 1846. (H.)

415. Die Pestalozzifeier in Unterwalden (Gedicht). 1846. (H.)

416. Zur hundertjährigen Gedächtnißfeier Vater Pestalozzis, den
12. Januar 1846. 1 Lieder, gedruckt in Winterthur bei Hegner.
12 S.

417. Pestalozzi. Zeitschrift für Haus und Schule. 1. Jahrgang
1846. Redigirt von Ruete. Hamburg, Perthes. (Heinsius, Bücher-Lex.)

1847.

418. Pestalozzi. Dessen Persönlichkeit, Ideen und Grundsätze, sein
Streben und Verdienst durch Zusammenstellung der verschiedenen in den
Schriften über ihn vorkommenden Begriffsbestimmungen und Formeln
erörtert, nebst einem kurzen Katechismus für Erzieher und Lehrer in seinem
Sinne. Von E. W. G. Bagge, Schuldir. zu Frankfurt a. M. 1817.
Sauerländer. 32 S. Der Ertrag ist für die Pestalozzistiftung bestimmt.

419. Konzessionirter Schulamts-Kalender auf das Jahr 1847,
zum Besten der Lehrerwaisen im Königreiche Sachsen. Herausgegeben von
Berthelt, Gebauer, Heger, Jäkel, Krumbholtz, Petermann, Zehrfeld
in Dresden. 64 S. 4°. Enthält eine kurze Biographie Pestalozzis von L. Thomas,
einen Nekrolog des Dir. K. G. Vorsdorf, der zuerst den Vorschlag einer Herausgabe des Kalenders gemacht hatte, und ein Bruchstück aus dem Volksbuche „Eine
Schulmeisterfamilie" von J. Kell. Der Kalender ist seitdem alljährlich erschienen,
von 1849 an führt er den Titel: Pestalozzikalender, von 1853 an hat er den Haupt-
titel: Amtskalender für sächs. Geistliche und Schullehrer, und seit 1875 erscheint er
in Oktavformat. (Akten des Sächsischen P.=V.)

420. Die Pestalozzifeier in Kurhessen betreffend. Von C. L. Collmann. Rh. Bl. B. 35 (1847), S. 3—11. In Kurhessen war die Feier verboten worden.

421. Cramer, Parallele zwischen Sokrates und Pestalozzi. In Magers Pädag. Revue. 15. Band. Zürich 1847. S. 265—81. (H.)

422. Die deutsche Pestalozzi Stiftung. Erster Rechenschaftsbericht erstattet von Diesterweg und Kalisch. Berlin 1847. Enslin. 60 S. Im Wesentlichen auch abgedruckt in den Rhein. Bl. Band 36 (1847), S. 19—56.

423. Zum Andenken Heinrich Pestalozzis. Rede des Gymn. Dir. Dr. Münscher, gehalten zu Hersfeld am 12. Jan. 1846. Rhein. Bl. B. 35 (1847), S. 11—16.

424. Rodnagel, A. Pestalozzi. Die Männer des Volks, dargestellt von Freunden des Volks. Herausgegeben von Ed. Duller. Frankfurt a. M. 1847. I, 103—111. (H.)

425. Pestalozzi und sein Neuhof, von Josef Schmidt (sic!), P. Mitarbeiter und Lehrer an seiner Anstalt. Zürich, in der Schulthess'schen Buchhandlung. 1847. 32 S. Paris. Gedruckt bei Paul Renouard. Literarische und pädagogische Einleitung. 1—8. Die Elementar- und die Normal-Musterschule auf dem Neuhof. 9—25. Geschichtliche Bruchstücke aus P. Leben und Thun. 25—32. Der Titel auf grauem Papier dient zugleich als Umschlag.

426. Vorgetragen zur Eröffnung des Examens am 30. März 1846 von Dir. Dr. Weber im Gymnasium zu Cassel. (Über Pestalozzi.) Rhein. Bl. B. 35 (1847), S. 17—27.

427. Die Frage: Warum hat die schöne Saat Pestalozzis bis jetzt noch so wenige entsprechende Früchte getragen? in der Form einer Rede beantw. von Dr. Wilh. Wiegand, Dir. des Gymn. in Worms. Rhein. Bl. B. 36 (1847), S. 3—18.

428. An die lernbegierige Zürcherische Jugend auf das Neujahr 1847. Zum Besten des Waisenhauses von einer Gesellschaft herausgegeben. 10. Stück. Als Fortsetzung der Neujahrsbl. auf der Chorherrnstube. 69. Blatt. Mit 1 Steindruckbilde Pestalozzis, nach einer Zeichnung nach dem Leben von Hippius im Jahre 1818. 16 S. 4°.

1848.

429. Erster Bericht über die Pestalozzi Stiftung in Billwärder a. d. Bille, abgestattet von ihrem Vorstande. Hamburg 1848. 21 S. 2. 8. Bericht 1849—55. Der 1. Bericht enthält die Statuten. Vergleiche Nr. 530.

1849.

430. Die Pestalozzistiftung der deutschen Schweiz auf der aargauischen Domäne Olsberg im dritten Jahre ihrer Entwickelung, reichend vom 19. Mai 1818 bis 30. Mai 1819. 2. öffentlicher Rechenschaftsbericht von der Direktion. (München, Hof- und Staatsbibl.)

431. Pestalozzi und seine Bedeutung für unsre Zeit. „Gegenwart". Leipzig 1849. 3. Band, 331—342.

1850.

432. Die Bedeutungen der deutschen Pestalozzistiftung für den Lehrerstand. Von A. Diesterweg. Jahrbuch für Lehrer und Schulfreunde von Diesterweg, I, 1850, 172—182. Mit Anhang: Die jetzt in Deutschland bestehenden Pestalozzistiftungen.

433. Die deutsche Pestalozzi-Stiftung. Zweiter Rechenschaftsbericht (von Kalisch und Diesterweg). Berlin 1850. Enslin. 32 S.

434. Giraud, Ch. Rapport sur le concours relatif au système de Pestalozzi (Séances et travaux de l'Académie des sciences morales et politiques). Paris 1850. 7me à 9me livr. (H.)

435. Meyer, J. F. E. Pestalozzi als Mensch, Staatsbürger und Erzieher mit seinen eignen Worten geschildert. Eutin 1850. (H.)

436. P. P. Pompée. Etudes sur la vie et les travaux de Pestalozzi. Paris 1850. 2. Aufl. 1878. XII und 276 S. (H.)

1851.

437. Pestalozzi über den Staat. Rede bei der Feier des Pestalozzifestes am 12. Jan. 1851 zu Leipzig gehalten . . . von Dr. E. J. Hauschild, Dir. des Mod. Gesammtgymnas. Leipzig 1851. Klinthardt. 30 S.

438. Pestalozzi und Rousseau. Pädagogische Monographie von Dr. Franz Zoller. Frankfurt a. M. 1851. Auffahrt. 56 S.

439. Erster Bericht über den Sächsischen Pestalozzi Verein auf die Jahre 1847—50. Im Pestalozzikalender für 1851 (Nr. 119). Seitdem ist alljährlich ein Bericht erschienen, seit 1870 ganz unabhängig von dem Kalender.

1852.

440. Pestalozzi Album. Mit Originalbeiträgen von B. Auerbach, Chamisso, Gutzkow, O. Ludwig, Novalis u. v. A. Zum Besten hilfsbedürftiger Lehrerwaisen im Königreich Sachsen herausgegeben von Ernst Fischer. Dresden 1852. Meinhold. 312 S.

1853.

441. (Chavannes, Mlle.) Biographie de Henri Pestalozzi. Lausanne 1853. 296 S. (H.)

442. Evangelische Pädagogik von Dr. Christian Palmer. Stuttgart 1853. Steinkopf. 1. Aufl. 1869. S. 60–70.

1854.

443. A. H. Francke, J. J. Rousseau, H. Pestalozzi. Ein Vortrag auf Veranst. des Ev. Ver. für kirchl. Zwecke zu Berlin am 20. Febr. 1854 gehalten von Dr. G. Kramer, Dir. d. Franck. Stift. Berlin 1854. Schultze. 52 S.

444. Zur Erinnerung an Johann Gottfried Herder und Heinrich Pestalozzi. Von Dr. G. K. Mezger, Studiendir. Augsburg 1854. 22 S. 1°.

445. Geschichte des Bunzlauer Waisenhauses, zugleich ein Spiegelbild der wichtigsten pädagogischen und didaktischen Bestrebungen in dem evang. Deutschland und der Schweiz während der letzten anderthalb Jahrhunderte. Von W. A. H. Stolzenburg. Breslau 1854. Hirt. XIV und 309 S. „Die Pestalozzischen Bestrebungen für Erziehung und Unterricht" S. 207–247.

1855.

446. Erinnerungen aus meinem Schulleben in Schnepfenthal, Königsberg i. Pr., Züllichau, Hofwyl, Yverdun (S. 73–79, 99–100), Vevai, Burg und in andern Verhältnissen von Dr. Lange, Superint. und Oberprediger a. D. Potsdam 1855. Riegel. 100 S.

447. Palmer. Dinter und Pestalozzi. Schulblatt für die Provinz Brandenburg 1855. S. 162–210. (H.)

1856.

448. R. Schornstein. Pestalozzis Mission an die Mütter. Elberfeld 1856. (München, Hof- und Staatsbibl.)

1857.

449. J. Paroz. Pestalozzi, sa vie, sa méthode etc. Bern 1857. 160 S. (H.)

450. Geschichte der Pädagogik von der ältesten Zeit bis zur Gegenwart. Von Friedrich Körner. Leipzig 1857. (Costenoble. 388 S. Das 7. Kapitel S. 216–237 behandelt Pestalozzi.

1858.

451. Iselin, F. Pestalozzi als Förderer der Leibesübungen. Basel 1858. 16 S. (H.)

1859.

452. Mörikofer. Heinrich Pestalozzi und Anna Schulthess. Züricher Taschenbuch auf 1859, S. 73—130. Zürich, Orell, Füßli u. Co. (Paris, Sch. M.)

453. Leben und Wirken des Regierungs- und Schulraths Türk. Potsdam 1859. (H.)

1860.

454. Donält. Ein Beitrag zur Würdigung Pestalozzis. Nordhausen 1860, Progr. der Realschule. (Berlin, königl. Bibl.)

455. Biographien der berühmtesten und verdienstvollsten Pädagogen und Schulmänner aus der Vergangenheit. Herausgegeben von Dr. J. B. Heindl. Augsburg 1860. Schlosser. 836 S. S. 680—683 (auf drei Seiten) wird Pestalozzi abgehandelt.

1861.

456. Marggraf, H. Schiller, Lessing, Pestalozzi. Prologe. Leipzig 1861. (H.)

457. Heinrich Pestalozzi. Dramatische Vorstellung zum 50jährigen Jubiläum des Landtöchterinstituts in Zürich, Herbstmonat 1861. Gedenkblatt für die Theilnehmer von F. Mayer. Zürich 1861. (Berlin, Sch. M.)

458. Mörikofer, J. C. Die Schweizerische Literatur des 18. Jahrhunderts. Leipzig 1861, S. 101—458. (H.)

459. Heinrich Pestalozzi. Der Held als Menschenbildner und Volkserzieher. Ein Haus- und Volksbuch. Von Dr. Ludwig Noack, Prof. an der Universität Gießen. Leipzig 1861. Wigand. 219 S.

460. Theodor Müllers Jugendleben in Mecklenburg und Jena. Von K. R. Pabst. Aarau 1861. Sauerländer. XX und 178 S. Th. M. Leben und Wirken in der Schweiz. 2. und 3. Theil. Auch unter dem Titel: Der Veteran von Hofwyl. 2. Theil XIII und 220 S., 3. Theil VIII und 351 S. Aarau 1862 und 1863. Über Pestalozzi u. a. II, 25 ff., 127 ff.

461. Schulkalender aus Franken für 1861. Erster Jahrgang. „Pestalozzi." Würzburg 1861. (H.)

1862.

462. Fichte und Pestalozzi. Von A. Diesterweg. Jahrbuch für Lehrer und Schulfreunde von Diesterweg, XIII (1862), 24—63.

463. Skizzen und Bilder aus der Erziehungsgeschichte . . herausgegeben von L. Kellner, Regierungs und kath. Schulrath. Essen 1862. 2 Bände. Band II, 222—300 behandelt J. H. Pestalozzi und J. Gottl. Fichte.

1863.

464. Jof. Kaifer. Pestalozzi oder der 12. Jänner, gefeiert in Wien 1863. 32 S. (Leipzig, C. St.)

465. Johann Heinrich Pestalozzi und deffen Bedeutung für feine und unfere Zeit. Ein Vortrag, gehalten den 28. Febr. 1863 zu Heidelberg von Dr. Daniel Schenkel. Auf befonderen Wunsch und zum Beften der Gr. Bad. Pestalozzistiftung für Lehrer Wittwen und Waifen herausgegeben. Heidelberg 1863. Mohr. 53 S.

466. Schnell, F. Aus dem Leben eines preußischen Schulmanns der Pestalozzischen Schule. Leipzig 1863. (H.)

1864.

467. Kramer, Dr. G. Karl Ritter, ein Lebensbild. Halle 1864. 2. Auflage 1875. I, S. 108—111 behandeln den Aufenthalt Ritters in Jferten im September 1806.

1865.

468. Mein Lebensmorgen. Nachgelaffene Schrift von Wilhelm Harnifch. Zur Geschichte der Jahre 1787—1822. Herausgegeben von Schmieder, Berlin 1865. Herß. S. 139 ff., 190 ff., 206 ff.

1866.

469. Palmer. Pestalozzi. Encyclopädie des gef. Erziehungs- und Unterrichtswesens . . von Dr. K. A. Schmid. Gotha 1866. Besser. V, 860—886. Ziemlich unverändert in die 2. Auflage, Leipzig 1883, Reismann, V, 756—782 übergegangen.

470. Roufseau und Pestalozzi, der Idealismus auf deutschem und französischem Boden. Zwei Vorträge, gehalten von Dr. K. Schneider. Herausgegeben zum Beften des Pestalozzivereins für die Provinz Pofen. Bromberg 1866. 2. Auflage 1873. 3. Auflage Berlin 1881. Gärtner. 63 S.

1867.

471. Morf, H. Vor 100 Jahren. Winterthur 1867. (H.)

472. Dr. Karl Schmidt's Geschichte der Pädagogik. 2. Auflage von Dr. Lange IV, 58—121. Cöthen 1867. Schessler.

473. Preußisches Volksschulwesen nach Geschichte und Statistik von W. Thilo. Gotha 1867. (H.)

1868.

474. Zur Biographie Pestalozzis. Ein Beitrag zur Geschichte der Volkserziehung von H. Morf. a. Seminardirector und Waisenvater in Winterthur. Erster Theil. Pestalozzis Wirksamkeit bis in die Mitte des Burgdorfer Aufenthaltes. Zweite vermehrte Auflage. Winterthur 1868. Bleuler-Hausheer. XII u. 336 S.

Im Wesentlichen ein Abdruck der „Neujahrsblätter der Hülfsgesellschaft von Winterthur, herausgegeben für die reifere Jugend zum Besten der Waisenanstalt". 1863 und 1864 (Die Volksschule am Ende des 18. Jahrhunderts), 1865 (Aus Pestalozzis Leben und Wirken, X und 118 S.) und 1866.

Zweiter Theil. Pestalozzi und seine Anstalt in der zweiten Hälfte der Burgdorfer Zeit. Winterthur 1885. Bleuler-Hausheer. X u. 276 S.

Dritter Theil. Von Burgdorf über Münchenbuchsee nach Yverdon. Winterthur 1885. Bleuler-Hausheer. 385 S.

Vierter Theil. Blüthe und Verfall des Instituts zu Yverdon. P. letzte Lebenstage. Winterthur 1889. Ziegler. VIII u. 619 S.

475. Gallerie berühmter Schweizer der Neuzeit. Text von A. Hartmann, Bilder von Hasler. Baden 1868. Band II Nr. 65: Heinrich Pestalozzi. I S. 4°.

1869.

476. Heinrich Pestalozzi. Ein Lebensbild von C. E. R. Alberti, Stadtschulrath a. D. Berlin 1869. Lüdritz. 83 S.

477. Harweck, G. A. J. H. Pestalozzi. Vortrag aus 1864. Halle 1869. Selbstverlag. (Berlin, Sch. M.)

478. Pestalozzistiftung für Knaben bei Schlieren. Berichte 1869 ff. (H.)

1870.

479. Heer, J. J. Das Wesen der pestalozzischen Methode als Grundlage einer christlichen Erziehung. Zürich 1870. H. Staub. 57 S. (Berlin, Sch. M.)

480. Rousseau und Pestalozzi. Eine Studie aus der Geschichte der Pädagogik von Georg Jauß. Programm zu dem 25jähr. Jubelfeste der öffentl. evangel. Schulanstalten in Oberschützen und zugleich Jahresbericht über das Schuljahr 1869-70. Wien 1870. Selbstverlag der Schulanstalt. 1°. S. 36-65. (Berlin, Sch. M.)

481. Pestalozzi in Leipzig. Festrede. In den Leipziger Blättern für Pädagogik 1870, 3. Heft.

1871.

482. Pestalozzis Leben und Wirken. Von Friedrich Mann. S. 423-576 des 4. Bandes der Ausgewählten Werke J. H. Pestalozzis in 4 Bänden. Langensalza 1871. Hermann Beyer. (Nr. 64.)

483. Seyffarth, C. W. Pädagogische Reisebriefe. Preußisches Schulblatt. Berlin 1871 und 1872. (H.)

484. Der Pädagog Heinrich Pestalozzi, ein Mann der Hoffnung unseres Volkes in großen Tagen. Von Gerhard von Zezschwitz, Prof. der Theologie. Erlangen 1871. Deichert. 42 S. Ein öffentl. Vortrag, für milde Zwecke gehalten.

1872.

485. Johann Heinrich Pestalozzi. Nach seinem Leben und aus seinen Schriften dargestellt von C. W. Seyffarth, Rector der Stadtschulen zu Luckenwalde. Leipzig 1872. Siegismund und Volkening. X und 211 S. Morf gewidmet. 2. (Titel-) Auflage 1872. 6. Auflage 1876.

486. Vulliemin. L. Souvenirs. Lausanne 1872. 306 S. (H.)

487. Rechtfertigung Pestalozzis. Pädagogische Blätter von Kehr II, 105. Gotha 1872.

1873.

488. Bordier, ancien pasteur, Pestalozzi. Neuchâtel 1873. (H.)

489. Pestalozzi. Rede zur Einweihung der deutschen Loge „Pestalozzi" zu Neapel. Von Br. Dr. M. G. Conrad. Redner der Loge. Leipzig 1873. Findel. 23 S.

490. Geschichte des Preußischen Volksschulwesens. Von F. E. Keller. Berlin 1873. Oppenheim. 503 S. 9. Abschnitt: Pestalozzi und die deutsche Pädagogik S. 141 153.

491. Mayo. Pestalozzi and his principles. Third edition London 1873. 239 S. (H.)

Rousseau und Pestalozzi. Von Schneider. 2. Auflage. Vergl. Nr. 470.

492. Geschichte der Pädagogik in Vorbildern und Bildern zu sammengestellt von A. Schorn. Leipzig 1873. 15. Auflage, heraus gegeben von Reinecke und Plath. Leipzig 1892. Türr. S. 308 318.

493. Wiesinger, J. Pestalozzis Antheil an der Erneuerung des deutschen Volkes. Kissingen 1873. (H.)

1874.

494. Heuer, A. Schulgeschichte von Burgdorf 1874. (H.)

495. Pestalozzis Vermächtniß. Von E. von Sallwürk. Jahr buch des Vereins für wissenschaftl. Pädagogik, herausgegeben von Ziller. 6. Jahrgang Leipzig 1874. S. 1 15.

496. Der Stifter von Hofwyl. Leben und Wirken Fellenbergs, herausgegeben vom Festcomitee auf die hundertjährige Jubiläumsfeier. Verfaßt von Dr. F. Rob. Schöni. Schaffhausen 1874. 123 S. S. 39 ff. sind die Beziehungen zu Pestalozzi nahezu wörtlich wie von Hamm (Nr. 328) dargestellt.

497. Festschrift zur Einweihung des neuen Schulhauses in Flaatern. Zürich 1874. S. 45 ff. (H.)

1875.

498. Histoire de Pestalozzi de sa Pensée et de son œuvre par le Baron Roger de Guimps, élève de Pestalozzi et ancien élève de l'école polytechnique. Lausanne 1875. Bridel. (H.)

499. H. Krüsi. Pestalozzi, his life, work and influence. New-York 1875. X u. 248 S. (H.)

500. Morf, H. Ist Volksbildung wirklich Volksbefreiung? Die deutsche Schule, herausgegeben von Rostitz, 1875 I, Heft 1. 3. 5.

501. Pestalozzi, Idee und Macht der menschlichen Entwicklung. Bearbeitet von Josephine Zehnder, geb. Stadlin. Gotha 1875. Thienemann. XVI und 830 S.

1876.

502. Curti, G. Pestalozzi. Notizie della sua vita e delle sue opere etc. Seconda edizione. Bellinzona 1876. 102 S. (H.)

503. Johannes von Muralt. Eine Pädagogen und Pastoren gestalt der Schweiz und Rußlands aus der ersten Hälfte des XIX. Jahrhunderts, gezeichnet von Hermann Dalton. Wiesbaden 1876. Niedner. XII und 233 S.

504. Morf, H. Pestalozzi in Spanien. Winterthur 1876. (H.) Erweiterter Abdruck im Pädagogium von Dittes 1879. Vergl. Nr. 523.

505. Rey, Rod. Pestalozzi. In Gallerie Suisse. Biographies nationales, par E. Secrétan. Lausanne, Bridel. 1876 Band II. p. 180—191. (Zürich, Stadtbibl.)

506. F. Stanonik. Pestalozzi. Ein Beitrag zur Gelehrtengeschichte des XVII. Jahrhunderts. Graz 1876. (München, Hof u. St.-Bibl.)

1877.

507. Comenius und Pestalozzi als Begründer der Volksschule. Wissensch. dargestellt von Dr. H. Hoffmeister. Berlin 1877. Bichteler. 95 S.

508. Johann Heinrich Pestalozzi. Rede am 17. Febr. 1877, dem 50jähr. Todestage Pestalozzis, in Halberstadt. Von K. Kehr. Päd. Blätter von Kehr VI. 1877. 105. Deutsche Schule von Rostiz 1877, V, 59—66.

509. Wilhelm Stern, nach seinem Leben und Wirken geschildert von K. F. R. Ledderhose. Heidelberg 1877. Abschn. 5 und 6, S. 39—60 sind überschrieben: „Pestalozzi und Stern und Rückblick auf die Yverdner Erfahrungen."

510. Joachim Heinrich Campe. Ein Lebensbild von Dr. J. Leyser. Braunschweig 1877. Vieweg. 2 Bände. Band I, 203 flg. wird Campes ablehnende Stellung zu Pestalozzi insbesondere in einem Schreiben an einen ungenannten Freund ausführlicher dargestellt.

511. Geschichte der Pädagogik als Wissenschaft. Nach den Quellen dargestellt von Dr. A. Vogel. Gütersloh 1877. Bertelsmann. 410 S. § 12, S. 157—188 behandelt Pestalozzi.

1878.

512. Rede über Pestalozzi von Deinhardt. Jahrb. der Wiener päd. Gesellsch. 1878, S. 16—23.

513. Kellner, C. Pestalozzistudien. Rheinisch Westphälische Schulzeitung. Aachen 1878. (H.)

514. Pestalozzi und seine Aussaat. Vortrag von Heer. Glarus 1878. 39 S. (Berlin, Sch. M.)

P. P. Pompée. Études sur la vie et les travaux pédagogiques de H. Pestalozzi. Ouvrage couronné et suivi d'une notice biographique sur Pierre-Philibert Pompée par Léon Chatean (avec 2 portraits). Paris 1878. II. 108 S. (Berlin, tönigl. Bibl.) Vergl. Nr. 436.

515. Die Pestalozzi Pfeiffer Nägelische Gesangsbildungslehre. Nach den Quellen dargestellt von E. H. Wolfram. Gotha 1878. Kehr, Päd. Bl. II. 28 57.

Im Korrespondenzblatt des Archivs der Schweizerischen permanenten Schulausstellung in Zürich, Jahrg. 1878. Nr. 3:

516. Aktenstücke, die sich auf die letzten Tage und den Tod Pestalozzis beziehen.

517. Brief von Frau Pestalozzi an Pestalozzi. 1806.

1879.

518. Rede zur Pestalozzifeier von Heinr. Deinhardt. Jahrbuch der Wiener Päd. Gesellsch. 1879, S. 68 76.

519. Pestalozzi und Fellenberg. Von Dr. O. Hunziker, Lehrer am Lehrerseminar in Küßnacht. Langensalza 1879. Beyer. 77 S.

520. Hunziker. Verzeichniß der Schriften Pestalozzis. Schweizerische Zeitschrift für Gemeinnützigkeit. Zürich 1879. Und im Korrespondenzblatt des Archivs der Schweizerischen permanenten Schulausstellung in Zürich Nr. 8, Mai 1879, S. 33 48.

521. Pestalozzi, ein Mann des Volks. Festrede im Leipziger Lehrer-Verein am 12. Januar 1879 gehalten von Dr. C. Kehr, Sem.-Direktor in Halberstadt. 1879. Eigenthum des Leipziger Lehrer-Vereins. 32 S.

522. Die socialpolitischen Grundlagen der Pädagogik Pestalozzis. Von Gustav Köhler. Jahresbericht der Realschule in Straßburg. 1879. 61 S. 4°.

523. Pestalozzi in Spanien. Von H. Morf. Pædagogium von Dr. F. Dittes. I. 1879, 212 259. 287 300. 392 407. Vergl. Nr. 501.

80 Schriften über Pestalozzi 1879—1880.

524. Drei Schulmänner der Ostschweiz. Lebensbild von J. R. Steinmüller und biogr. Skizzen über H. Krüsi und J. J. Wehrli. Dargestellt von J. J. Schlegel. Zürich 1879. Schultheß. 282 S. S. 150—162 Steinmüllers Stellung zu Pestalozzi. S. 225—241 Biogr. Skizze über J. Krüsi.

525. Pädagogische Lesestücke aus den wichtigsten Schriften der päd. Classiker. Herausgeg. von E. Sperber. 3. Heft. S. 3—61. Gütersloh 1879. Bertelsmann. Bruchstücke aus Abendstunde, Lienhard und Gertrud, Wie Gertrud, Schwanengesang.

526. Louis Bulliemin bei Pestalozzi in Yverdon. Mitgetheilt von Rettor J. Keller in Aarau. Päd. Blätter von Kehr VIII. 1879, 329—37.

Aufsätze über Pestalozzi in den Pestalozziblättern zum Korrespondenzblatt des Archivs der Schweiz. perm. Schulausstellung 1879:

527. Pestalozzi und die Illuminaten. Korrespondenzblatt No. 1, 6—15.

528. Das Pestalozzistübchen der Schweiz. permanenten Schulausstellung in Zürich. S. 17.

529. Das Projekt zur Errichtung einer Pestalozzischen Lehranstalt (Wädensweil 1805).

Verzeichniss von Schriften über Pestalozzi. S. 33 ff. Vergl. Nr. 520.

1880.

530. Pestalozzi, sa vie ses œuvres ses méthodes d'instruction et d'éducation par Augustin Cochin de l'institut. Paris 1880. Didier, 147 S. Nach Guillaume ist dies die zweite Ausgabe des Essai sur la vie, les méthodes d'instruction et d'éducation et les etablissements d'Henry Pestalozzi. Paris 1848. Bailly, Divry et Cie. 4º 88 p.

531. Das Christenthum Pestalozzis. Neue Untersuchung einer alten Streitfrage. Von Hermann Debes, Pfarrer. Gotha, Thienemann. 1880. 71 S.

532. Rede über Pestalozzi. Von S. Heller. Jahrb. der Wiener Päd. Gesellschaft 1880, S. 58—65.

533. Pestalozzi in Siebenbürgen. Von H. Neugeboren-Kronstadt. Paedagogium von Dr. Dittes. II (1880). 117—133.

534. Heinrich Pestalozzi, der schweizerische Jugendfreund und Volksbildner. Ein Lebensbild, in Form einer Erzählung für Jugend und Volk dargestellt. Von Richard Noth). Mit Kopfleisten, Initialen und 3 Tonbildern (nach Blochmann, Züge ꝛc.). Leipzig und Berlin 1880. O. Spamer. 168 S.

Rousseau und Pestalozzi. Von Schneider. 3. Aufl. (Nr. 470.) In den Pestalozziblättern I (1880). Zürich:

535. Pestalozzi nach der Schilderung Niederers. 2 12, 17 24, 33 36, 49 64. Vergl. Nr. 49.

536. Ein Zögling Pestalozzis in seiner Anstalt auf dem Neuhof. 29 31.

537. Persönliche und Familienerinnerungen an Pestalozzi. 31, 32 42, 43, 77, 78, 91 94. 1881: 14, 15, 25, 26, 93, 94. 1883: 14, 15.

538. Neujahrsfeier im Pestalozzischen Institute zu Iferten 1807. 36—41.

539. Pestalozzis Verbindung mit Fellenberg 1804/1805. 64 77, 81—89. 1881: 8 14, 17—25, 33 42, 49 71.

540. An Pestalozzi. Distichen von Joh. Schulthess (1808). 89—91.

1881.

541. Die Grundgedanken von Pestalozzi und Fröbel. Von F. Beust. Zürich 1881. Trüb. „Vier öffentliche Vorträge, gehalten im Winter 1880/81 zum Besten der Fröbelschen Kindergärten in Zürich," S. 45 69.

542. Rede über Pestalozzi. Von Bruhns. Jahrb. der Wiener päd. Gesellschaft 1881, S. 1—10.

543. Pestalozzi. In Hunzikers Geschichte der schweizerischen Volksschule II, S. 73 ff. Zürich 1881. (H.)

544. Brugger Erinnerungen an Pestalozzi. Mitgetheilt von J. Keller in Aarau.
a) Erinnerungen an Vater Pestalozzi von Emanuel Fröhlich, Vater.
b) Erinnerung an Pestalozzi von Frau Sophie Müller-Rauchen-stein. Kehrs Päd. Blätter X, Gotha 1881, S. 113—130.

545. Pestalozzis Prinzip der Anschauung. Von R. Rißmann in Görlitz. Päd. Blätter von Kehr X, 1881, 468—79.

546. Pestalozzis Versuch der Armenerziehung auf dem Neuhof. Von einem Mitgliede der Kommission für das Pestalozzistübchen. In Bühlmanns „Praxis der Volks und Mittelschule" 1881, 2. Heft. (H.)

In den Pestalozziblättern II (1881). Zürich:

547. P. Lienhard und Gertrud als Dichtung betrachtet. Von Dr. Götzinger in St. Gallen. (Aus den Blättern für erz. Unterricht von Mann.) 71—78, 81—93.

1882.

548. Pestalozzi auf dem Neuhofe. Von O. Hunziker. In F. Mann, Deutsche Blätter für erz. Unterr. 1882 No. 17—21. Auch im Feuilleton der N. Z. Z. Januar 1882.

549. Pestalozzis Unterrichtsmethode von K. Just. Jahrb. für wissenschaftl. Pädagogik 14. Jahrg. 1882, S. 1—19.

550. Übersiedlung der Pestalozzischen Anstalt von Burgdorf nach Münchenbuchsee. Von H. Morf. Pädagogium von Dr. Dittes IV (1882), 2—11, 76—94. (19. Neujahrsbl. der Hülfs gesellschaft von Winterthur 1882.)

551. Rede über Pestalozzi von Dr. A. J. Pick. Jahrb. der Wiener päd. Gesellschaft 1882, S. 33--39.

552. Der Religionsunterricht in den Anstalten Pestalozzis. Von K. Strack, Dekan in Lang-Göns. Kehrs Päd. Blätter XI, Gotha 1882, S. 230—249.

553. Heinrich Pestalozzi. Ein Lebensbild für Jung und Alt. Von Ferdinand Schmidt. 2. Auflage Berlin o. J. Kastner. 131 S. 16°. Eine wertlose Kompilation. Vergl. Pestalozziblätter V (1881), 30.

554. Glüphi, Pestalozzis Schulmeister-Ideal in Lienhard und Gertrud. Von einem Mitgliede der Kommission f. d. Pestalozzistübchen. In „Bühlmanns Praxis der Schweizer Volks- und Mittelschule" II, 1. Heft 1882. (H.)

555. Die Pädagogik Johann Heinrich Pestalozzis in wortgetreuen Auszügen aus seinen Werken. Zusammenhängend dargestellt von Dr. August Vogel. Bernburg 1882. Baemeister. VI und 137 S.

In den Pestalozziblättern III (1882), Zürich:

556. Der Baumwollen-Meyer. Von Pfr. Zschokke. 8--11.

557. Eine Episode in P. Leben aus dem Jahre 1794. 25—32.

558. P. und die Helvetische Gesellschaft. 33--40.

559. Archivalien zu P. Leben. 46--48, 93—96. 1883: 95.

560. Birrer Erinnerungen an H. Pestalozzi, von Lehrer Huber. 66—76, 81—93. 1883: 12—14, 17--20, 33—39.

1883.

561. Pädagogische Anregungen aus Schiller und Pestalozzi. Zwei Festreden von Dr. R. Hempel. Leipzig 1883. Brandstetter. 22 S.

562. Das Zoar der Erziehung, oder Pestalozzi und Zeller. Vortrag von Dr. R. Hoffmann, Pfarrer. Berlin 1883. Boullion. 21 S. Zum Besten der Erziehungsanstalt Zoar in Berlin.

563. Pestalozziana von J. H. (Professor J. Hunziker in Aarau). Aargauer Schulblatt 1883, Nr. 13 und 14. (H.)

564. Heinrich Pestalozzi und Isaak Iselin. Von Dr. J. Keller im Aargauer Schulblatt Nr. 18 und 19. Aarau 1883. (H.)

565. Erziehungs- und Unterrichtsplan der ersten Lehranstalt im Schlosse zu Münchenbuchsee. Eine Festgabe zur fünfzigjähr. Jubiläumsfeier der bernischen Lehrerbildungsanstalt für den deutschen Kantonstheil. Von H. Morf. Winterthur 1883. Bleuler-Hausheer. II u. 34 S. (H.)

566. Frauenbilder aus Pestalozzis Lebenskreis von H. Morf. Pädagogium von Dittes V (1883). 545—563, 627—638, 673—688. Zur Orientirung. Elisabeth Krüsi geb. Näf. Anna Magdalene Pestalozzi geb. Fröhlich. Rosette Niederer geb. Kasthofer.

567. Geschichte der Pädagogik in Biographien, Übersichten und Proben aus pädagogischen Hauptwerken. Von R. Niedergesäß. 2. Aufl. Wien 1883, Pichlers B. 509 S. S. 279—297 wird Pestalozzi behandelt.

568. Pestalozzi — Herbart. Von Dr. A. Winkler. Jahrb. der Wiener päd. Gesellschaft 1883, S. 15—24.

In den Pestalozziblättern IV (1883), Zürich:

Zur Orientirung über den 3. und 4. Theil von Pestalozzis Lienhard und Gertrud. Aus dem Aufsatze „Glüphi" in der Praxis der Schweiz. Volks- und Mittelschule 6—10. (Nr. 554.)

569. Die Kopulationsrede bei P. Verheirathung 1769. 49—64.

570. Zwei Geburtstage P. 64—70.

571. Instruction des Staatsrathes Nicolovius für Henning 1809. 70. 71.

572. Kurze Beschreibung der Geburtstagsfeier unsers lieben Vaters Pestalozzi den 12. Jenner 1813. 82—86.

1884.

573. Dühr. Dr. Jacob Heußi. (Erinnerungen aus dessen Leben. Leipzig 1884. Matthies. I und 60 S. Die wesentlichen Stücke sind abgedruckt in den Pestalozziblättern VI (1885, S. 37–43.

574. J. Cabhardt-Hildebrandt. Eine Pestalozzische Erziehungsschule in Neapel in den Jahren 1811 15. In Bühlmanns Praxis der Volks- und Mittelschulen 1884, S. 50 ff.

575. J. Keller. Die Erwerbsverhältnisse des jurassischen Berner Aargaues in der zweiten Hälfte des 18. Jahrhunderts. Aarau 1884. Sauerländer.

576. Die Schweizerische Erziehungsgesellschaft 1808–1812. Von O. Hunziker, in den Schweizer. Schulgeschichtsblättern 1884, S. 44–79.

577. Rede über Pestalozzi von Dr. A. J. Pick. Jahrb. der Wiener päd. Gesellschaft 1884, S. 1–11.

578. Pestalozziblätter. Zur Förderung erziehlichen Zusammenwirkens von Haus und Schule. Begründet von Liebermann, fort geführt von Lange. 6. Jahrgang 1884. Cassel, Baier u. Co. (Hinsius Bücherverzeichnis.)

In den Pestalozziblättern V (1884), Zürich:

579. Niederer über Lienhard und Gertrud. 6.

580. Zu und aus Pestalozzis Lenzburger Rede 1809. 39–43, 81–84. Vergl. Nr. 31.

581. Über Pestalozzis Schrift: Meine Nachforschungen etc. Ein Beitrag zur Kenntniss der sozialen und religiösen Lebensanschauungen P. von O. Hunziker. 49–80. Vergl. Nr. 17.

1885.

582. T. Focken. Analyse des Gedankenganges in Pestalozzis Abendstunde eines Einsiedlers. Mit zeitgemäß mustergültigem Abdruck der Abendstunde selbst. 56 S. Minden 1885. Huseland. (Nr. 7, 9.)

583. Im Dictionnaire de pédagogie, herausg. von F. Buisson, die Artikel Niederer und Pestalozzi (dieser von J. Guillaume). (H.)

584. Rousseau und Pestalozzi. Vortrag von O. Hunziker. Basel 1885. Schwabe. 36 S.

585. Pestalozzi und die Philanthropisten. Von H. Morf. Pädagogium von Dittes VI (1885). 711–727. 779–797.

Zur Biographie Pestalozzis. Von H. Morf. 2. und 3. Theil. (Nr. 474.)

586. H. Morf. Erholungsreise eines Pädagogen aus Pestalozzis Schule. Neujahrsbl. d. Hülfsgesellsch. zu Winterthur 1885. 12 S. (H.)

587. Vous voulez mécaniser l'éducation. Von R. Rissmann. Deutsche Schulzeitung von Schillmann, Berlin 1885, Nr. 1. (H.)

588. Die Neugestaltung des Rechenunterrichts durch Pestalozzi. Von Prof. Rüegg. Schweiz. Lehrerzeitung 1885, Nr. 45—48. (H.)

589. Vittorio Savorini, Enrico Pestalozzi, le sue opere e i suoi tempi. Cenni, Torino, Roma, Milano, Firenze 1885. 8°. (Berlin, königl. Bibl.)

590. Johann Heinrich Pestalozzi. Ein pädagogisches Volksbuch von Eduard Wießner. Bernburg 1885. Bacmeister. 130 S.

591. Pestalozzi als Hausvater, von Wyss-Burgdorf. Pädagogium von Dittes VII (1885), 267—71.

592. P. Hauptgrundsätze. Berner Schulbl. 1885, Nr. 43, 44. (H.)

In den Pestalozziblättern VI (1885), Zürich:

593. Illuminatenbriefe an und über Pestalozzi. 17—19.

594. Joh. Büel über die Pestalozzische Methode. 33—37.

595. Der bernische Aargau und das Amt Schenkenberg. 49—62.

596. Nicolovius und Pestalozzi. 81—96.

1886.

597. Pestalozzi für immer, von Dittes. Pädagog. VIII, 1886, S. 1—7.

598. Se vend au bénéfice du Monument Pestalozzi A Yverdon. Price: 30 centimes. Résumé des principes de Pestalozzi par Roger de Guimps, ancien élève de Pestalozzi. Yverdon, comité exécutif du Monument. 1886. 15 S.

599. F. Herisson. Pestalozzi élève de Jean Jacques Rousseau. Paris 1886. Delagrave. 246 S. (Paris, Sch. M.)

600. Wie steht der Leipziger Lehrerverein zu Pestalozzi? Festrede von J. Kirchhoff. Leipzig 1886. Sigismund u. Volkening. 16 S.

601. Om „Åskådningen" hos Pestalozzi. Akademisk Afhandling af Gustaf F. Lönnbeck, Fil. Kand. Folkskolinspector. Helsingfors 1886. Weilin u. Göös. 98 S.

602. E. Martin. Greaves, un disciple anglais de Pestalozzi. Revue pédagogique Paris, Novembre 1886. (Paris, Sch. W.)

603. H. Pestalozzi, ein Wohlthäter des Volkes. Vortrag von Bernh. Stark. Nürnberg 1886. Korn. 28 S.

604. Systematische Darstellung der Pädagogik Johann Heinrich Pestalozzis mit durchgängiger Angabe der quellenmäßigen Belegstellen aus seinen sämmtlichen Werken. Von Dr. August Vogel. Ich hab's gewagt. Ulrich v. Hutten. Mit einem Porträt nach Diogg um 1800, nebst Facsimile P. Hannover 1886. Meyer. VI und 276 S. 2. unveränderte Auflage 1893.

605. Das Pestalozzistübchen in Zürich. Zürich 1886. Schulthess. Separatabdruck aus der Neuen Zürcher Zeitung, mit einem Bilde des Neuhof. 39 S.

In den Pestalozziblättern VII (1886), Zürich:

606. Philipp Albrecht Stapfer. 8—11.

607. Aus Briefen von Zeitgenossen über Pestalozzi. 12—16. 36. 37.

608. Drei moderne Schulfragen bei Pestalozzi. 25—31.

609. Ph. A. Stapfer und H. Zschokke. Von Pfr. Zschokke. 41—52.

610. Pestalozzi und Dr. Bell. 52—55.

611. Das älteste Pestalozzibild. 65.

612. Ein jugendlicher Sittenbrief an P. 1770. 66—69.

1887.

613. Die Grundgedanken der Pædagogik Pestalozzis, zusammengestellt von Dittes. Pædadog. IX, 1887, 351—73.

614. Das Leben des Pädagogen Heinrich Pestalozzi. Zur Erinnerung an die Lehrerversammlung in Schleswig am 3. bis 5. August 1887 herausgegeben von H. P. H. Grünfeld, ehem. Oberlehrer an der Domschule. Schleswig 1887. Bergas. 63 S.

615. O. Hunziker. Artikel Pestalozzi in der Allgemeinen deutschen Bibliothek XXV, Leipzig 1887, Dunker u. Humblot, S. 432—461.

616. Philipp Albrecht Stapfer, helvetischer Minister der Künste und Wissenschaften (1766—1840). Ein Lebens- und Kulturbild von R. Luginbühl. Basel 1887. Detloff. IX und 589 S. (H.)

617. Einige Blätter aus Pestalozzis Lebens- und Leidens-
geschichte. Von H. Morf, a. Seminardirector in Winterthur.
Langensalza 1887. Beyer. 136 S. Etwas von P. erstem und
letztem Lebensziel. P. in Spanien. Eine Dienstmagd.
Zusammenstellung etlicher schon in Zeitschriften und in der Biographie P.
gedruckter Stücke.

618. Herbart oder Pestalozzi? Eine kritische Darstellung und
Vergleichung ihrer Systeme als Beitrag zur richtigen Würdigung ihres
gegenseitigen Verhältnisses. Von Dr. Aug. Vogel. Hannover 1887.
Meyer. 164 S. 8°. 2. unveränderte Auflage 1893.

In den Pestalozziblättern VIII (1887), Zürich:

619. Uhland und Pestalozzi. Von O. Hunziker. 12—20.

620. Pestalozzis Figuren zu meinem ABC-Buch. 41—55.

1888.

621. Lienhard und Gertrud. Ein Volksschauspiel in vier Auf-
zügen nach J. H. Pestalozzis gleichnamigem berühmten Volksbuch in
möglichst wortgetreuer Bearbeitung von H. Hoffmeister. Eberswalde
1888, Buchh. d. Päd. V. Zum Besten des P.-Waisenhauses in Eberswalde. 50 S.

622. Die Beurtheilung der Paedagogik Pestalozzis durch
Herbart, J. G. Fichte und Beneke. Von Dr. Hummel-Leipzig.
Paedagogium von Dittes X (1888), S. 419—442.

623. Josef Schmid. Von H. Morf. Paedagogium von
Dittes X (1888), 419—442. 510—533.
(Neujahrsbl. der Hülfsgesellschaft von Winterthur 1888.)

624. Schnyder von Wartensee. Lebenserinnerungen. Zürich 1888.
Hug. XIII und 379 S. (Paris, Sch. M.)
Die Anzeige in den Pestalozziblättern IX (1888), S. 11—16 bringt zur
Ergänzung Briefe Niederers an Schnyder. Vergl. Nr. 625.

In den Pestalozziblättern IX (1888), Zürich:

625. Drei Briefe Niederers an Schnyder von Wartensee. 11—16.

626. Burgdorfiana. Fischers Brief über P. an Steinmüller 1799. Schnell an K. in Bern 1800. Schnell an Niederer
1804. Über Fischers Brief vergl. Nr. 78. Pestalozzi hat ihn fast vollständig
in Wie Gertrud (S. 49 ff.) aufgenommen.

88
Schriften über Pestalozzi 1889–1890.

1889.

627. W. Bauer. Die psychologischen Grundanschauungen Pestalozzis. Jena 1889. Frommann. (Dissertation.) 47 S.

628. A. Bertrand. La Psychologie de l'effort (chap. le Biranisme appliqué à l'éducation). Paris 1889. Alcan. (Paris, Sch. M.)

629. Briefwechſel zwiſchen J. N. Steinmüller und H. C. Eſcher von der Linth. Herausgegeben von Dr. Dierauer. St. Gallen 1889. XV u. 287 S. (H.) Ausführliche Beſprechung und Auszüge in den Peſtalozzi= blättern 1889, S. 10–16.

630. Eine Pestalozzische Anstalt in Neapel 1811—1816. Von H. Morf. Paedagogium von Dittes XI (1889), 712--732.

Zur Biographie P. Von H. Morf. 4. Theil. (Nr. 474.)

In den Pestalozziblättern X (1889), Zürich:

631. Herrn Rieters Souvenir d'amitié aus Yverdon 1810. 5—10. 17. 18. 25. 26.

632. Briefe Ph. A. Stapfers an Pestalozzi. 27—38.

1890.

633. Dédiée à la Jeunesse d'Yverdon. Pestalozzi-Cantate patriotique. Paroles et Musique de Henri Giroud. Op. 132. En vente chez l'auteur à Ste-Croix (Vaud). 34 S. kl. Fol.

Enthält auch das Programm der Enthüllung des Peſtalozzidenkmals zu Yverdon am 5. Juli 1890, die Verzeichniſſe der Komiteemitglieder für dieſes Denk= mal und die Abrechnung, eine Abbildung des Denkmals, modelliert von A. Lanz, ein Bildnis Peſtalozzis und eine Notice biographique von Roger de Guimps.

634. Pestalozzi. Étude biographique par J. Guillaume. Avec un portrait de Pestalozzi. Paris 1890. Hachette. 455 S.

Das Porträt nach einer Kreidezeichnung von Diogg aus dem Jahre 1801. S. 137—453 enthalten einen Appendice: Renseignements bibliographiques.

635. Natur und Naturgemäßheit bei Comenius und Peſtalozzi von Hermann Hähner. (Diſſertation.) Chemnitz 1890. 87 S.

636. Rede über Peſtalozzi von Dr. Em. Hannak, am 18. Januar 1890. 15 S. (Leipzig, C. St.)

637. Peſtalozzifeier in Zürich, 12. Januar 1890. Prolog von Heer und Rede von Dr. H. Morf. Zürich 1890. (H.)

638. E. Naville. Pestalozzi et Maine de Biran, in der Bibliothèque universelle et Revue Suisse. Lausanne, avril 1890. (Paris, Sch. M.)

639. Pauliet. L'école pestalozzienne de Bergerac, in der Revue pédagogique. Paris. avril 1890. (Paris, Sch. M.)

640. Pestalozzis Rechenmethodische Grundsätze im Lichte der Kritik. Von J. Ruefli. Bern 1890. Schmid, Franke u. Co. 138 S.

In den Pestalozziblättern XI (1890). Zürich:

641. Briefe Karl Ritters an Pestalozzi. 3—21.

642. Familienbriefe, betreffend Anna Schulthess und ihre Verlobung mit Pestalozzi. 25—38.

643. Der Landvogt von Greifensee bei Pestalozzi. 41—47.

644. Rede des Gemeindepräsidenten Paillard bei der Einweihung des Pestalozzidenkmals in Yverdon. 47—48.

645. Die Einweihung des Pestalozzidenkmals in Yverdon am 5. und 6. Juli 1890. 49—61.

1891.

646. Heinrich Pestalozzi in dem Briefwechsel der Brüder J. G. und Johannes von Müller. Von O. hunziker. Schweizer. Lehrerzeitung 1891 Nr. 16. Die Besprechung des zweiten Halbbandes des Briefwechsels (Frauenfeld 1892, Huber) findet sich in den Pest.lozziblättern XIV (1893), S. 56 und 57.

647. Pestalozzi und die Geschwister Schmid. Von hermann F. Wagner. Salzburg 1891. Dieter. 8 S.

648. Pestalozzi und herbart. Von Dr. Th. Wiget. Erster Theil. Abdruck aus dem 23. und 24. Jahrb. des Vereins f. wissenschaftll. Pädagogik. Dresden 1891. Bleyl und Kämmerer. Ausführliche Anzeige in den Pestalozziblättern X (1891), S. 33—44.

In den Pestalozziblättern XII (1891), Zürich:

649. Fischer, Bericht über einen Besuch bei Pestalozzi im Dezember 1797. 1—13. 17—22.

650. Das Babeli. 49—52.

651. Züge aus Pestalozzis Leben. Gesammelt seit dem 1. Mai 1810 aus eigner Erfahrung von W. M. Henning. 52—62.

1892.

652. Die Erziehung des Kindes in seinen ersten sechs Jahren, nach Pestalozzi und nach Comenius. Von Wilhelm Bötticher. Znaim 1892. Fournier und Haberler. 16 S. (Comeniusstudien heft 3.)

653. Das Verhältnis der Pädagogik Schleiermachers zu den Prinzipien Pestalozzis. Von Gustav Hauffe. Soest 1892. Tappen. 182 S.

In den Pestalozziblättern XIII (1892), Zürich:

654. Aus Ph. A. Stapfers Briefwechsel. 1—15.

655. Comenius und Pestalozzi. Von O. Hunziker. 18—36.

1893.

656. Worin besteht der bleibende Werth der Schrift Pestalozzis „Wie Gertrud ihre Kinder lehrt". Von G. Anders. Lehrerprüfungs- und Informationsarbeiten Heft 26. Minden 1893. Hufeland.

657. Das Verhältnis Carl Ritters zu Pestalozzi und seinen Jüngern. Von E. Deutsch. (Dissertation.) Leipzig 1893. 33 S.

658. Die pädag. Grundsätze Pestalozzis. Von R. Kretzschmar. Rheinische Blätter 67. Jahrgang (1893), 385- 396.

659. Pestalozzis Lehrmethode. S. 393—462 der Grundzüge einer allgemeinen Methodenlehre des Unterrichts. Bearbeitet von Fr. Regener. Gera 1893. Hofmann.

In den Pestalozziblättern XIV (1893), Zürich:

660. Pestalozzi auf dem Neuhofe. Vortrag von O. Hunziker. No. 1.

661. Pestalozzi und die zürcherischen Humanisten. No. 2.

Briefwechsel der Brüder J. G. und J. von Müller, zweiter Halbband. Von O. Hunziker. Vergl. Nr. 646.

662. Miszellen: P. Steigerungsangebot auf Schloss Brunegg. P. Aufruf bei Gründung seines Lehrerseminars in Burgdorf. S. 63 u. 64.

1894.

663. Versuch einer Zusammenstellung der Schriften von und über Pestalozzi. Von A. Israel. Zschopau 1894. Genzel. 105 S.

664. Die Bedeutung Pestalozzis für unsere Zeit. Von Dir. Dr. F. Sachse. Rede, gehalten zur Pestalozzifeier am 12. Januar 1894, dem Stiftungsfeste des Leipziger Lehrer-Vereins. Leipziger Lehrerzeitung I (1894), No. 15 u. 16.

O. J.

665. Erörterung der neuern Lage der Pestalozzischen Methode. Ohne Titelblatt in dem Sammelbande Gal. XXIV, 1135 der Stadt bibliothek in Zürich.

666. Manzoni, R. L'istruzione del popolo. Brevi osservazioni sul sistema Pestalozziano. Bellinzona. 16 S. (H.)

667. J. Schmid. Einladung zur Subskription auf Pestalozzis Schriften, welche in drei Sprachen publizirt werden sollen. (H.)

668. Wie Boreas seine Kinder lehrt. Ein Buch für Windmüller. Abdera, im Jahre nach der Erfindung der alleinseligmachenden Methode. 8° 46 S. (Zürich, Stadtbibl.)

669. Précis de la méthode élémentaire de Pestalozzi. Suite. In Notices d'utilité publique No. 2. 7 S. 8°. (Zürich, Stadtbibl.)

335 b. Die Realbildung und das jetzige Zeitalter ꝛc. Von Ober-studienrath Schacht. Darmstadt 1845. Pabst. S. 22 ff. schildert Schacht die von Pestalozzi in Yverten gehaltenen Andachten. Angezogen von Collmann, Über die sittlich-religiöse Bildung (Nr. 531 b) S. 51.

534 b. Über die sittlich religiöse Bildung des Kindes vom ersten bis zum sechsten Lebensjahre und den stufenweisen Gang des Religions-unterrichts in Bürgerschulen. Nebst einem Worte E. M. Arndt's über Pestalozzi und einer bisher noch ungedruckten Neujahrsrede Heinrich Pestalozzis (gehalten am 1. Januar 1816), mit Anmerkungen heraus-gegeben von C. E. Collmann. Kassel 1846. Bohné. 62 S. (Berlin, Sch. M.) Die Rede war schon im 15. Bande der Rosselschen Monatsschrift ge-druckt (vergl. Nr. 56). Der Brief Arndts an Collmann ist vom 21. Frühlings-monds 1816 aus Bonn datiert.

_____

Von Nr. 63 besitzt die C. St. in Leipzig eine Ausgabe vom Jahre 1827.

In der Zusammenstellung auf Seite 26 und 27 fehlen die Nummern 5, 34, 35, 39, 56, 57 und 61.

Bei Nr. 475 fehlt am Schlusse die Angabe: (Zürich, Stadtbibliothek.)

Register.

I. Schriften, deren Verfasser genannt oder bekannt ist.

2. Anonyme und pseudonyme Schriften.

5. Personennamen.

Druck von F. A. Raschke in Zschopau.